河南省软科学研究项目（222400410618）
河南省高等学校青年骨干教师培养计划（2020GGJS116）

农民工流动与健康的双向影响机制研究

樊敏杰　著

中国财经出版传媒集团
中国财政经济出版社

图书在版编目（CIP）数据

农民工流动与健康的双向影响机制研究／樊敏杰著. --北京：中国财政经济出版社，2022.6
ISBN 978-7-5223-1313-9

Ⅰ.①农… Ⅱ.①樊… Ⅲ.①民工－劳动力流动－关系－健康状况－研究－中国 Ⅳ.①D669.2

中国版本图书馆 CIP 数据核字（2022）第 054460 号

责任编辑：彭　波　　　　责任印制：史大鹏
封面设计：卜建辰　　　　责任校对：张　凡

中国财政经济出版社 出版
URL：http：//www.cfeph.cn
E-mail：cfeph@cfeph.cn

社址：北京市海淀区阜成路甲 28 号　邮政编码：100142
营销中心电话：010-88191522
天猫网店：中国财政经济出版社旗舰店
网址：https：//zgczjjcbs.tmall.com
北京财经印刷厂印刷　各地新华书店经销
成品尺寸：170mm×240mm　16 开　12.75 印张　200 000 字
2022 年 6 月第 1 版　2022 年 6 月北京第 1 次印刷
定价：68.00 元
ISBN 978-7-5223-1313-9
（图书出现印装问题，本社负责调换，电话：010-88190548）
本社质量投诉电话：010-88190744
打击盗版举报热线：010-88191661　QQ：2242791300

前　言

人口健康问题已经成为中国全面建设小康社会所面临的重大挑战之一，党的十九大指出“人民健康是民族昌盛和国家富强的重要标志”“没有全民健康，就没有全面小康”（习近平，2014），“要把保障人民健康放在优先发展的战略位置，加快实施健康中国行动”（习近平，2021）。十八届五中全会首次将建设“健康中国”上升为国家战略。2016 年 10 月 25 日，中共中央、国务院印发的《“健康中国 2030”规划纲要》为健康中国建设绘就了宏伟蓝图。在这张蓝图上，农民工的健康问题是一个不容忽视的重要板块，也是最需要下大力气补齐的一个短板。自 1984 年中央出台一号文件允许农民进城务工以来，“民工潮”从未停止过。根据国家统计局的数据，从农村到城市的流动人口总数从 1990 年的 2000 万增长到了 2020 年的 2.86 亿。随着这个数字的增长，农民工正逐渐成为城市经济建设的生力军，是中国工业化、新型城镇化进程中不可或缺的组成部分。然而，较强的流动性，加之职业类型、工作和居住环境、生活方式等的差异，导致农民工的健康影响因素有其自身的特殊性和复杂性。在当前全民健康战略提出、农民工数量日益增加的背景下，如何根据农民工的特点提升其健康人力资本？这些都是迫切需要解决的现实问题，也是本书研究关注所在。

为了实现上述目标，本书的研究思路和框架设计如下。首先，对劳动力的迁移理论和流动动机进行梳理，从不同的角度解释了人口流动与迁移的动机，并对农民工流动与健康的关系进行梳理，深入剖析了农民工流动与健康的双向影响机理。其次，通过对全国农民工的流动态势及农民工的健康问题进行综合分析，初步了解了中国农民工流动与健康问题的主要现实。再次，结合人口流动的"健康选择效应""健康损耗效应"以及"三文鱼偏误效应"等理论假说，分别从健康对农民工流动意愿的影响、农民工流动对生理健康的影响、农民工流动对心理健康的影响，以及健康对农民工回流返乡决策的影响等角度展开实证分析。基于2008～2009年中国城乡劳动力流动调查数据（RUMIC）、2013年中国家庭收入调查数据（CHIP）、2015年中国家庭营养与健康调查统计数据（CHNS），利用双变量probit模型、嵌套的固定效应Logit模型等实证方法，对于上述理论假说进行了验证。进一步地，考虑到城镇化的进程也正在逐步放缓，主要表现为农民工数量增速逐年降低，尤其是乡城迁移的外出劳动力。传统经济学的趋利动机无法对这种现象作出合理的解释，而幸福感作为个体生活状况的客观和主观效用的综合评价指标可以合理地度量真实的生活质量和福利状况。鉴于此，利用2010～2017年中国综合社会调查（CGSS）数据，通过迁移特征和户籍属性对样本进行分类，实证考察了劳动力迁移对社会阶层和个体主观幸福感的影响，并利用KHB方法对社会阶层的中介作用进行了分解和检验。最后，在相关理论和实证分析的基础上，总结了本书的主要研究结论，对于当前如何促进"以人为核心"的新型城镇化、加快农民工市民化进程，以及提升农民工综合健康水平等提出了有针对性的政策建议。

基于以上研究工作，本书的主要观点和结论如下。

第一，农民工的流动态势及健康方面。从农民工流动态势来看，几十年来农民工数量持续增长，但是近年来增速有放缓的趋势。农民工主要流向东部地区，但随着时间的推移，东部地区对劳动力的吸引力呈现下降趋势，而中部地区和西部地区的人才吸引力则不断增强。此外，新生代农民工占农民工总量的比重逐年提高，到2017年，新生代农民工的数量首次超过了第一代农民工，成为新时期产业工人的主力。就从业行业而言，虽然目前农民工的就业范围仍然以制造业和建筑业为主，但同时越来越多的农民工也在向批发零售、餐饮等第三产业流动。此外，由于农民工的就业层次较低，加上工作环境恶劣以及权益保障不公平等因素的影响，增加了他们的健康风险。

第二，健康水平对农村劳动力的流动意愿影响方面。健康水平对于农村劳动力的流动意愿具有显著的正向效应，身体健康状况较好的农村劳动力，外出从业的意愿更强，这一结论验证了农民工流动存在“健康选择效应”。异质性分析结果表明，男性的身体健康状况对流动意愿的正向效应显著更强。随着年龄的增长，流动的“健康选择效应”逐渐减弱。从收入水平对农村劳动力流动的影响来看，收入层次越低，相对生活水平越低，健康状况对劳动力流动意愿的正向影响越强，这从侧面验证了提高收入水平、改善社会经济地位是农村劳动力外出务工的主要动因之一。同时这也意味着，自评健康水平越低，潜在的健康风险越高，由于城乡的医疗资源、医疗成本差异，受访者外出务工的医疗开支可能也会提升。因此，作为一个以增加经济收益为主要目的的农村劳动力，当健康状况较差时其流动倾向也会越低。

第三，农民工流动对其生理健康的影响方面。相对于农村留守人员来说，农民工的综合健康水平更差，自评健康水平更低，慢性病患病率相对更高，而城镇居民则具有显著的健康优势。农民工流动过程中同时存在“健康选择效应”与“健康损耗效应”，两者共同作用直接对城乡居民的健康差异产生影响。使处于不同健康状态的居民在城乡之间重新分布，一方面降低了农村居民的平均健康状况，另一方面提高了城镇居民的平均健康水平。在当前城乡分隔的背景下，大规模的农民工流动会将一部分健康风险和疾病负担转移给农村地区，这不仅不利于农村居民生活质量的提高，还会进一步加剧城乡的卫生资源配置不均衡，限制农村社会经济的发展。

第四，农民工流动对其心理健康的影响方面。与城镇本地人口相比，农民工的心理健康状态显著更差。此外，农民工的流动决策存在同群效应。外出的农民工平均年龄远远低于城镇本地人口，呈现出年轻化态势，这一群体正是推动城镇经济建设的主力军。这就要求我们从各个方面改善外出农民工的生活和就业条件，提高公共服务可及性，缩小他们与城镇人口的差异，提升社会地位，为农民工的劳动做出全面保障，免除其后顾之忧。

第五，健康水平对农民工返乡回流决策的影响。通过分析健康对外出农民工回流行为决策的影响机制，验证了农民工迁移过程中“三文鱼偏误效应”的存在：健康水平越低，外出农民工的回流倾向越高。这表明健康水平会制约农村劳动力的迁移输出，长期来看不利于城镇化的全面推进。分性别来看，健康水平对女性农民工回流决策的影响显著高于男性。这表明相对于男性而言，女性有着更强的健康脆弱性和敏感性。

第六，劳动力迁移、社会阶层与主观幸福感。幸福感通常被认为是可以衡量个体生活状况的客观和主观效用的综合指标，通过迁移特征和户籍属性对样本进行分类，发现未换户迁移者的主观幸福感同时低于已换户迁移者和城镇居民，也比不上农村居民。其中，外地迁移和孤身迁移的个体面临着更高的幸福损失。迁移有助于改善职业阶层认同和流动，却不利于主观阶层感知。此外，已换户迁移者与城镇居民的主观幸福感和社会阶层均表现出较强的趋同性，这表明户籍制度背后隐藏的公共资源可及性差异是造成迁移者幸福弱化的一个重要原因。而且，主观阶层认同和流动在劳动力迁移和幸福感之间存在着显著的中介效应。

本书的研究创新主要体现在以下三个方面：

在研究视角上，本书将人口流动与健康状况建立了双向联系，弥补了现有研究在此方面的欠缺；对于农民工流动性的考察，不再局限于传统的返乡视角，而是综合分析了农村劳动力流动前的意愿决策、流动过程以及返乡三个视角；对农民工流动决策的影响因素，不再局限于传统的生命周期、家庭需求、城市融入障碍等方面，而是引入了健康因素并结合多种指标进行综合考虑；对于流动对人口健康人力资本的影响不再局限于单一的生理健康视角，而是将生理健康与心理健康结合进行全面考察；系统地从人口输出地和输入地两个方面构建相应的政策体系，以更好地促进全民健康与工业化、新型城镇化的同步实现。在研究方法上，本书综合利用了包括工具变量法、广义矩估计法、倾向得分匹配法等在内的诸多较为科学前沿的研究方法，比较系统地考察了中国农民工流动、整体健康状况的发展态势，以及农民工流动对健康、健康对农民工流动决策的双向影响。在研究内容上，本书同时从理论和实证两个层面对流动与健康的潜在联系进行客观分析，弥补了现有人口流动分析的不足；农民工流动对健康的直接和间接影响机制分析，以及健康对流动决策的锁定效应机制分析，是对现有理论研究的有力深化拓展；同时利用全国性的调查数据进行实证研究，从更深的层面考察了农民工流动与健康的关系，拓宽了现有研究的对象层次。

作者
2022 年 1 月

目　　录

| 第一章 |

绪　　论

一、研究背景

（一）农民工规模持续扩大的客观性

随着长期工业化、城镇化进程的推进，中国的经济发展取得了显著的成就。2010 年中国已迈入中等收入国家行列。到 2020 年，中国人均国内生产总值（GDP）超过了 70000 元，城镇化比例超过了 60%①。在这一进程中，大规模的农民工流动成为其中最为显著的人口现象，在推动经济增长、社会结构变化、社会利益格局调整过程中起到了关键作用。

改革开放以来，农民工群体的变化是反映中国整体变迁、城乡结构演变的一个重要缩影。40 多年间，农民工群体的发展历程先后经历了三次重要变革，每一次变革都在推动着这一特殊群体走上一个新的台阶。第一次变革是 20 世纪 80 年代，农村经济活力提升，乡镇企业迅速膨胀，农民工以就地转移为主，“离土不离乡，就地进工厂”；第二次变革是 20 世纪 90 年代，在农村劳动力过剩与城镇劳动力供求失衡的共同作用下，农民工的大规模跨区域流动开始出现，“离土又离乡，进城进工厂”；第三次变革是 21 世纪以后，农民工规模与流动呈现出稳定增长的态势，农民工的数量持续增加，首次突

① 数据来源于国家统计局发布的《中华人民共和国 2020 年国民经济和社会发展统计公报》。

破了两亿的规模，“提升技能，融入城市”。党的十八大以来，“农民工市民化”成为农民工发展工作的一个重要议题。中国农民工的发展演变与国际的劳动力转移不同，这一群体是在中国社会经济变迁的基础上发展起来的，并且在不同的阶段呈现出不同的发展特征，具有鲜明的中国特色：工业化和城镇化同步，进城就业与进城落户同步（刘宏宇等，2019）。在政策的推动下，农民工总数从 1978 年的 2897 万人①增长到了 2020 年的 2.86 亿人②，总数增长了约 10 倍，占总人口的比重从 3% 提升到了 20.4%。

但目前来看，农村劳动力的迁移进程还远未完成，其规模和速度并不能满足我国的城镇化需求，而这也是我国城镇化水平滞后于工业化进程的一个重要原因。根据中国社科院发布的《2020 年社会蓝皮书》显示，2019 年末，我国城镇化水平已超过 60%，达到了 60.6%。但这与发达国家 80% 的城镇化水平相比仍有不小的差距。十九届五中全会审议通过的《中共中央关于制定国民经济和社会发展第十四个五年规划和二〇三五年远景目标的建议》指出，要解决好“三农”问题，推动城乡要素平等交换、双向流动。李克强总理在 2021 年的《政府工作报告》中指出：“十四五”时期要深入推进以人为核心的新型城镇化战略，加快农业转移人口市民化，常住人口城镇化率提高到 65%。因此，要实现新型城镇化、工业化以及农业现代化的同步协调发展，需要有效的双向推动机制：既要依托乡村振兴的契机推动就地城镇化，还要以农村劳动力迁移为主要切入点，同时推进迁移劳动力的城市融合和户籍转换。农民工规模的扩大趋势仍将持续。

（二）农民工健康权益和健康水平提升的迫切性

健康问题不仅是民生问题，也是重大的政治、经济和社会问题（华颖，2017）。人口健康问题已经成为中国全面建设小康社会所面临的重大挑战之一，“没有全民健康，就没有全面小康”（习近平，2014），“健康是促进人的全面发展的必然要求，是经济社会发展的基础条件”（习近平，2016）。十

① 杨聪敏，改革开放以来农民工流动规模考察［J］，探索，2009，(4)：131 - 135.

② 数据来源于国家统计局发布的《2020 年国民经济运行情况》。

八届五中全会首次将建设“健康中国”上升为国家战略，对人民日益提升的健康需求和健康权益保障进行综合部署。2016 年 10 月 25 日，中共中央、国务院印发的《健康中国“2030”规划纲要》为健康中国建设绘就了宏伟蓝图，提出“普及健康生活、优化健康服务、完善健康保障、建设健康环境、发展健康产业”五个方面的战略任务。同时指出，“健康中国”战略的核心和基本思路是全民共建共享，要求社会、行业以及个人等层面的共同参与，以实现全民健康的根本目的。作为中国工业化、新型城镇化进程中不可或缺的组成部分，农民工群体的健康问题一直是全民健康的“短板”。较强的流动性，加之职业类型、工作和居住环境、生活方式等的差异，导致农民工的健康影响因素有其自身的特殊性和复杂性。

由于外出农民工职业层次较低，多从事繁重的体力劳动，加上工作生活环境较差、工作时间较长、作息时间不规律，客观上导致该群体面临健康风险的概率远高于其他群体。而且，由于群体的弱势地位，当遭受职业健康损害时的维权难度通常较大。

健康问题不仅关系到个体的生存和发展，它还是一个家庭性的问题。在通常情况下，农民工都是家里的经济支撑和“顶梁柱”。一旦出现健康损害，可能会影响家庭的正常运转：一方面，可能会导致家庭的收入来源受损，给家庭经济造成沉重的负担；另一方面，由于农民工的权益保障不完善，保障水平较低，当其面临健康、养老等风险时，无法有效地利用社会机制进行化解，通常会转移到家庭身上。

在当前全民健康战略提出、农民工数量日益增加的背景下，本书选择农民工流动与健康之间的关系进行研究，以期实现全民健康水平提升与新型城镇化、工业化的同步推进。

二、研究意义

《国务院关于进一步做好为农民工服务工作的意见》（国发〔2016〕40 号）明确指出，“农民工已成为我国产业工人的主体，是推动国家现代化建设的重要力量，为经济社会发展作出了巨大贡献”，为探索农民工健康保障的有效途径，应“着力维护农民工的劳动保障权益”“逐步推动农民工平等享受城镇基本公共服务”“加强农民工医疗卫生和计划生育服务工作”，切实保障农民工群体的身体健康。《“健康中国2030”规划纲要》也强调，“提升新生代流动人口健康水平，对于推进健康中国具有重要意义”。因此，本书认为，对农民工流动性与健康人力资本提升问题进行研究，无论对当前“健康中国”战略的的落实，还是工业化和新型城镇化进程的深入推进，均具有重要的理论和现实价值。

1. 学术价值：(1) 综合考虑农民工流动对健康的直接和间接影响渠道，以及健康对流动决策的影响机制，深入分析农民工流动性与健康的双向影响机理，有力地拓展了现有的理论研究框架；(2) 充分利用多种计量分析方法，全面考察农民工的健康影响因素，并特别估计流动对农民工生理健康和心理健康的影响程度，综合分析了农民工流动与逆向流动的影响因素，弥补了现有研究对农民工流动决策和健康状态经验估计的欠缺。

2. 应用价值：(1) 面对当前农民工数量持续增长的态势，我国必须加大力度对农民工的权益进行全方位保障，尤其是农民工的健康水平。本书通过实证考察农民工流动与健康的双向影响，分析在流动的不同阶段农民工的健康水平差异，提出农民工市民化与健康人力资本提升共同推进的政策思路，对我国“健康中国”战略的落实，乃至工业化、新型城镇化进程的具体推进均具有重要应用价值。(2) 当前各地农民工的生活条件和健康状况能否切实改善，户籍制度和医疗服务改革至关重要。本书通过系统地总结农民工流动对健康人力资本、健康对流动决策的影响机制和路径，提出有效提升农民工健康水平的政策体系和举措路径，对于减少人口流动壁垒、提升医疗服务利用效率、促进新生代农民工市民化等方面，均具有重要的应用价值。

三、研究内容与技术路线

（一）研究内容

本书以流动人口中的农民工群体为研究对象，在对我国农民工流动与健康现状进行客观评判的基础上，通过机理、模型分析农民工流动对健康的直接影响、间接影响效应，以及健康状况对农民工流动决策的反向影响效应，提出并构建加强农民工健康管理、提升全民健康水平、推进工业化和新型城镇化进程的政策体系和具体路径。本书的主要研究内容展开如下。

第一章：绪论。本章主要介绍了选题的背景和意义、研究思路、研究内容和技术路线、主要的研究方法以及可能的创新点等。

第二章：理论基础与文献回顾。首先，对“农民工”称谓的由来以及健康的度量进行界定和阐述，明确本书的研究对象。在当前的背景下，农民工群体的存在必将经历漫长的历史时期。“农民工”这一称谓能够准确、简洁地反映出这一群体的典型特征。结合世界卫生组织（WHO）对健康的定义，本书将健康分为生理健康和心理健康两个维度。其次，对人口的迁移理论和流动动机进行梳理，如传统的“推—拉理论”“经济决定论”“新古典经济学理论”“新经济学移民理论”等，从不同的角度解释了人口流动与迁移的动机。除了理论研究的不断延伸外，在实证研究方面，关于劳动力流动影响因素的研究也在不断修正和发展。人口的流动和迁移并非中国的特有现象，但是中国大规模的农村劳动力乡城流动有着自己的特色。在此基础上，以健康为切入点，对农民工流动与健康的关系进行梳理。本章分别从农民工流动对生理健康的影响、农民工流动对心理健康的影响，以及健康对农民工回流返乡决策的影响等角度展开。进一步地，对农村劳动力迁移、社会阶层与主观幸福感之间的链式逻辑关系进行分析，现有的研究多基于两两变量之间的关系展开，而关于社会阶层在其中的中介效应并未有过多的涉及。作为农民工乡城流动和居留意愿的重要影响因素，对社会阶层与幸福感的研究能够在一定程度上揭示当前农民工增速下降的原因。最后，对农民工流动与健康的双向影响机理进行剖析，并据此构建相应的理论框架。

第三章：农民工的流动态势与健康问题分析。首先，对中国农民工的流动态势进行分析。此部分主要梳理了农民工的数量变化趋势、改革开放之后农民工群体的发展和变迁历程、农民工群体的相关政策演变、农民工群体的历史贡献，以及结合几十年的农民工流动历程对农民工的历史贡献进行总结。其次，对农民工的健康问题进行分析。此部分主要梳理了农民工普遍存在的生理和心理健康问题，以及这些健康问题的主要诱因。针对农民工的健康管理及存在的主要问题进行分析，总结当前中国农民工健康管理的短板所在。

第四章：健康对农村劳动力流动意愿的影响。基于 2013 年中国家庭收入调查（CHIP）的大样本数据，本章研究了健康状况对我国农村劳动力流动意愿的影响。根据不同的划分标准，将健康状况分别用二分类自评健康指标和五分类自评健康指标来表示。使用省区市的平均自评健康状况作为个体受访者健康状况的工具变量，解决了遗漏变量或反向因果关系可能导致的内生性问题。研究发现，无论是二分类自评健康还是五分类自评健康，对于农村劳动力的流动意愿均有显著的正向效应，身体健康状况较好的农村劳动力，外出从业的意愿更强，这也在一定程度上验证了农民工流动存在“健康选择效应”。异质性分析结果表明，男性群体的身体健康状况对流动意愿的正向效应显著更强。随着年龄的增长，流动的“健康选择效应”逐渐减弱。绝对收入水平和相对生活水平的分组回归结果显示，收入层次越低，相对生活水平越低，农村劳动力的健康状况对流动意愿的正向影响越强，这从侧面验证了提高收入水平、改善社会经济地位是农村劳动力外出务工的主要动因之一。同时这也意味着，自评健康水平越低，潜在的健康风险越高，由于城乡的医疗资源、医疗成本差异，受访者外出务工的医疗开支可能也会提升。因此，作为一个以增加经济收益为主要目的的农村劳动力，当健康状况较差时其流动倾向也会越低。

第五章：农民工流动对生理健康的影响。基于中国家庭营养与健康调查统计数据（CHNS），利用固定效应 Logit 模型，选取自评健康、慢性病患病情况、门诊就诊和住院情况等作为健康的衡量指标，实证分析了农村留守人员、农民工以及城镇居民的健康人力资本差异，并在一定程度上验证了农民工流动的“健康选择效应”以及流动经历对健康的损耗效应。研究发现，相对于农村留守人员来说，农民工的综合健康水平更差，自评健康水平更低，慢性病患病率相对更高，而城镇居民则具有显著的健康优势。农村劳动力流动过程中同时存在“健康选择效应”与“健康损耗效应”，两者共同作用直接对城乡居民的健康差异产生影响。使处于不同健康状态的居民在城乡之间重新分布，一方面降低了农村居民的平均健康状况，另一方面提高了城镇居民的平均健康水平。在当前城乡分隔的背景下，大规模的农民工流动将会把一部分健康风险和疾病负担转移给农村地区，这不仅不利于农村居民生活质量的提高，还会进一步加剧城乡的卫生资源配置不均衡，限制农村社会经济的发展。

第六章：农民工流动对心理健康的影响。基于 2008～2009 年中国城乡劳动力流动调查数据（RUMIC），选取自我肯定指标、忧虑抑郁指标、幸福感和生活态度等作为心理健康的衡量标准，通过构建双变量 Probit 模型，实证分析了流动决策对农民工心理健康的影响。结果表明，在控制了变量的内生性之后，与城镇本地人口相比，农民工的心理健康状态更差，并且这一结果具有统计学显著性。此外，农民工的流动决策存在同群效应。出于改善家庭经济条件的激励和城镇劳动市场的筛选竞争，外出农民工通常呈现出年轻化态势，平均年龄远低于城镇本地人口。作为城镇经济建设劳动力的重要补充，对外出农民工的生活和就业条件提供全面保障、提高社会地位和城镇融合度，显得至关重要。

第七章：健康对农民工回流决策的影响。基于中国家庭收入调查数据（CHIP），利用四个嵌套的 Logit 模型，选取自评健康作为健康水平的衡量指标，实证分析了健康对农村外出劳动力回流行为决策的影响机制，进一步验证了农民工流动过程中存在“三文鱼偏误效应”。研究发现，健康水平越低，外出劳动力的回流倾向越高。这表明健康水平会制约农村劳动力的迁移输出，长期来看不利于城镇化的全面推进。分性别来看，健康水平对女性劳动力回流决策的影响显著高于男性。这表明相对于男性而言，女性有着更强的健康脆弱性和敏感性。

第八章：劳动力迁移、社会阶层与主观幸福感。基于中国综合社会调查（CGSS）数据，通过迁移特征和户籍属性对样本进行分类，实证考察了劳动力迁移对社会阶层和个体主观幸福感的影响，并利用 KHB 方法对社会阶层的中介作用进行了分解和检验。研究发现，未换户迁移者的主观幸福感同时低于已换户迁移者和城镇居民，也比不上农村居民。利用倾向得分匹配方法剔除样本系统性差异之后，结果仍然稳健。其中，外地迁移和孤身迁移的个体面临着更高的幸福损失。迁移有助于改善职业阶层认同和流动，却不利于主观阶层感知。此外，已换户迁移者与城镇居民的主观幸福感和社会阶层均表现出较强的趋同性，这表明户籍制度背后隐藏的公共资源可及性差异是造成迁移者幸福弱化的一个重要原因。进一步考察了社会阶层对迁移幸福效应的间接作用，结果表明，主观阶层认同和流动在农村劳动力迁移和主观幸福感之间存在着显著的中介效应。

第九章：结论与政策建议。本章主要总结了本书的主要研究结论，并提出了相应的政策建议。同时，指出了本书可能存在的不足之处，并对于未来该领域的研究方向进行了展望。

（二）技术路线

基于以上研究内容，具体的技术路线如图 1－1 所示。

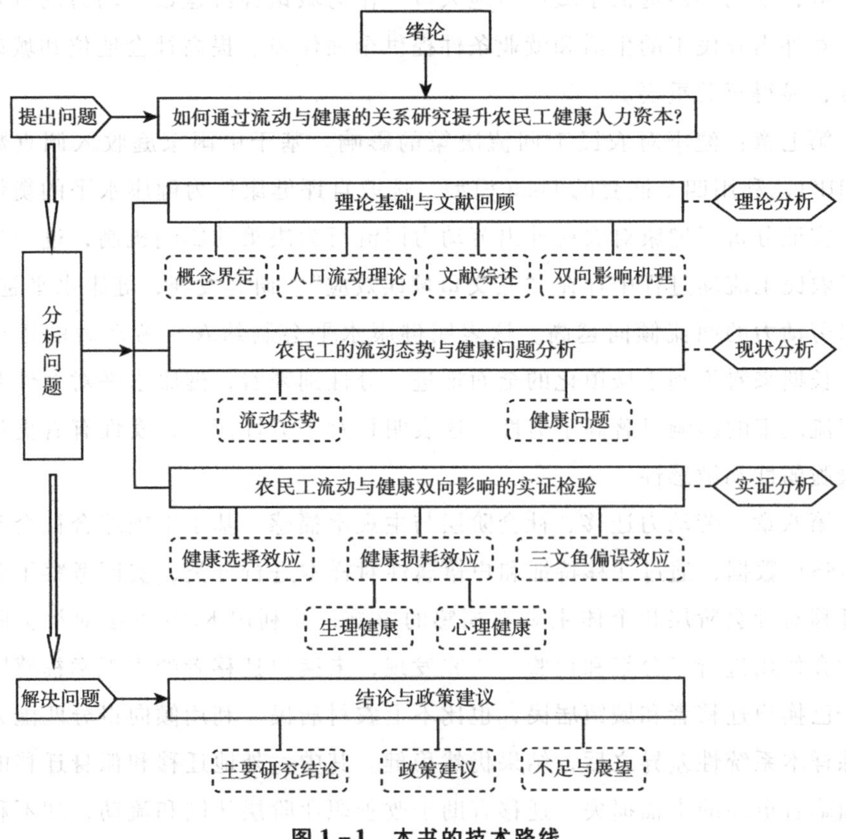

图 1－1　本书的技术路线

四、研究方法

（1）归纳总结。对改革开放以来的农民工流动趋势变化、农民工的政策演变、农民工群体的特征以及农民工存在的健康问题等进行归纳总结，从总体上把握农民工群体的发展与变迁历程以及该群体存在的健康问题。

（2）作用机理分析。利用现有的“健康选择效应”“健康损耗效应”“三文鱼偏误效应”等理论模型框架，梳理总结了农民工流动对健康的直接影响和间接影响，同时也就健康对农村劳动力外出流动决策以及返乡决策的影响机理进行了综合分析。

（3）统计计量分析。利用 OLS、GMM、IV 等多种计量方法考察了健康对农村劳动力流动意愿的影响，利用嵌套的 Logit 模型、双变量 Probit 模型等考察了农民工流动对健康的直接、间接影响，以及健康对农民工返乡回流决策的影响，利用双变量有序 Probit 模型以及倾向得分匹配（PSM）等方法分析了农民工流动、社会阶层与主观幸福感之间的关系。

五、本书可能的创新之处

本书可能的创新点主要体现在以下三个方面。

（1）研究视角上的创新。本书将人口流动与健康状况建立了双向联系，弥补了现有研究在此方面的欠缺；对于农民工流动性的考察，不再局限于传统的返乡视角，而是综合分析了农村劳动力流动前的意愿决策、流动过程以及返乡三个视角；对农民工流动决策的影响因素，不再局限于传统的生命周期、家庭需求、城市融入障碍等方面，而是引入了健康因素并结合多种指标进行综合考虑；对于流动对人口健康人力资本的影响不再局限于单一的生理健康视角，而是将生理健康与心理健康结合进行全面考察；系统地从人口输出地和输入地两个方面构建相应的政策体系，以更好地促进全民健康与工业化、新型城镇化的同步实现。

（2）研究方法上的创新。本书综合利用了包括工具变量法、广义矩估计法、倾向得分匹配法等在内的诸多科学、较为前沿的研究方法，比较系统地考察了中国农民工流动、整体健康状况的发展态势，以及农民工流动对健康、健康对农民工流动决策的双向影响。

（3）研究内容上的创新。本书同时从理论和实证两个层面对流动与健康的潜在联系进行客观分析，弥补了现有人口流动分析的不足；此外，农民工流动对健康的直接和间接影响机制分析，健康对流动决策的锁定效应机制分析，是对现有理论研究的有力深化拓展；同时利用全国性的调查数据进行实证研究，从更深的层面考察了农民工流动与健康的关系，拓宽了现有研究的对象层次。

| 第二章 |

理论基础与文献回顾

一、概念界定

（一）农民工的界定

中国的“农民工”一词最早出现在20世纪80年代。在当时的社会经济背景下，对于那些拥有农村户籍，属于人民公社成员，但同时转移到周围的县属镇里务工的人，称为“农民工”（张雨林，1984）。这是对当时背景下具有农民身份却从事离农生产的这一群体的特殊称谓，能够将传统的农民和城市人口区别开来。此后多年，关于农民工的研究和讨论很多，比较具有代表性的，如李培林（1996）认为农民工就是“流动民工”，主要包括三个特点：一是在地域上从农村向城市、从欠发达地区向较发达地区的流动；二是在职业上从农业向工商服务等非农产业的流动；三是在阶层上从低收入的农业劳动者阶层向比其高的职业收入阶层流动。

此外，还有学者认为对“农民工”的界定不应以是否外出为标准，不仅应该包括外出务工的农村人口，还包括留在农村当地，但为其他人从事有偿的离农生产的农村人口（“当代中国社会阶层结构”课题组，2004），也有学者认为所谓的“农民工”即为农民出身的工人（唐克军，2004）。

农民工群体在推动工业化、城镇化发展的过程中功不可没，但在现实生活中却并未得到应有的尊重和权利，反而经常受到制度政策的约束，以及社会的排挤和歧视。在某种程度上来说，“农民工”仿佛成了低等人群的代名词。因此，改善这一群体的社会待遇，消除社会偏见和歧视，是促进社会和谐发展和进步的必然要求。随着各界对农民工问题的关注，“农民工”“民工”“打工仔”“打工妹”等一系列有歧视性意味和偏见的称谓被逐步取代，一些地方在相关文件和公开的讲话中取而代之开始使用“进城务工人员”或“外来务工人员”等称谓。不使用“打工”“农民”等字眼仿佛也相应地减少了排斥、歧视的意味，也不再突出强调农民与市民的差异，能够体现出政府和社会各界对这一群体的尊重和认可。但是，“进城务工人员”依旧表明这一群体属于外来人员，无法与当地市民等同起来。江苏有些地方如无锡、镇江等将有固定职业的农民工称为“新市民”，浙江杭州、温州则称其为“杭州新市民”“新温州人”等。然而，问题的关键在于，要想改善这一群体的待遇水平，仅仅对称谓的改变远远不够。尽管各界都在试图努力减少和消灭农民工的“边缘人”待遇，但仍然难以摆脱歧视和排斥。作为弱势群体，农民工所需要的不只是称谓的改变，而是待遇的根本性改善。

2006 年，国务院发布了《中国农民工调研报告》，这一报告经由 17 个部委和 8 个省份参与，深入研讨起草而成。在起草过程中，大家对于“农民工”这一称谓产生了不同意见，原因是有些地方已经取消了这一称谓。但通过比较，这一称谓得以最终保留，因为只有这个词最能恰当地反映出这 2 亿人的特征。2018 年，人力资源社会保障部明确指出：“‘农民工’是指具有农村户口、有承包土地，但主要在非农产业就业的人员”①，并且认为“农民工”这一称谓能够准确、简洁地反映出这一群体的典型特征。在当前的背景下，农民工群体的存在必将经历漫长的历史时期，因此这一称谓应当继续保留，直到农民工的问题得到彻底的解决。

（二）健康的度量

1. 生理健康

（1）生理健康的标准。根据世界卫生组织（WHO）的解释，所谓生理

① 人社建字〔2018〕104 号：人力资源社会保障部对十三届全国人大一次会议第 8048 号建议的答复。

健康，需要做到保证人体各器官组织结构完整，发育正常，功能良好，生理指标正常，没有疾病或身体不处于虚弱状态。通常认为，要维持人体的生理健康，必须保证以下的健康生活方式：第一，合理膳食，避免无节制的暴饮暴食，或过度节食；第二，加强体育锻炼，持之以恒，保持合理有效的锻炼方式；第三，睡眠充足，切忌熬夜或过度睡眠。

（2）生理健康的指标。生理健康指标是衡量一个人身体健康状况的重要评价体系，如何对个人的生理健康状况进行准确合理地描述，首先就必须有一套完整的指标体系。

一般认为，人们生理健康状况的衡量指标包括：平均期望寿命、伤残调整期望寿命、慢性病患病情况、婴儿死亡率、孕产妇死亡率、法定报告传染病总发病率等。除此之外，还有一些国内外学者，如 Gerdtham 和 Johannesson（1999）、刘国恩等（2004）的研究中还使用了自评健康状况这一评价标准。结果表明，选取自评健康状况这一指标具有两个优势：第一，它可以反映当事者对自己生理健康状况的主观感受，虽然可能会与医学判断结果存在一定的偏差，但它的作用仍是不可忽视的；第二，在一定程度上来说，它可以预测当事者生理健康状况的未来趋势。

迄今为止，国际公认的最经典的生理健康状况测量指标是美国波士顿健康研究所研制的 SF－36（The Medical Outcomes Study 36－Item Shory－Form Health Survey），这是一个包含 9 个维度，共 36 个测量指标的全面量表，是一个完整的衡量体系。在这 36 个指标中，与生理健康直接相关的指标有 16 个，其中反映生理功能的有 10 个，反映生理职能的有 4 个，反映身体疼痛的指标有 2 个。其余还包括总体健康、活力、社会功能、情感职能、精神健康以及健康变化等指标。

（3）生理健康的影响因素。关于健康的影响因素较为纷繁复杂，这里我们择要列举以下几点。

一是个体的受教育水平。赵忠（2006）的研究表明，个体的受教育水平越高，其生理健康状况也就越好，两者呈现出正相关关系。类似地，通过对杭州居民健康状况进行研究，贺凤英等（2007）发现，受访者的文化程度越高，其健康状况也就越好。造成这一现象的原因在于，受教育程度越高，当事者对其自身的健康状况通常也更为重视，获取医疗信息、学习保健知识的意识和渠道优势也就更突出，这会进一步影响到其身体健康状况。

二是医疗资源分布的合理性。受多种因素影响，导致我国的医疗资源分布存在着两极分化的现象，医疗资源匮乏的地区资源越来越短缺，医疗资源丰富的地区资源越来越集聚。除此之外，在医疗资源不足的大环境下，还存在着不同程度的浪费。郭永松等（2003）指出，由于医疗资源匮乏，导致医疗保健覆盖范围较窄、基层医疗服务质量较低等一些弊端的出现。因此可以说，医疗资源匮乏是卫生服务不均等的主要诱因。

三是社会医保覆盖水平。一个地区的医疗保障制度与当地人们的医疗服务使用水平之间有着密切的联系。研究表明，一个社会医疗保障覆盖全面的社会，对卫生服务利用的公平性有明显的促进作用。

四是人口与社会经济因素。人口与社会经济因素一般是指人们的性别、年龄、民族、婚姻状况、受教育水平、就业状况、家庭收入与支出等。有结果显示，婚姻状况的好坏、文化水平的高低以及就业状况的好坏、家庭收入的高低与人们的自评健康是相关的，进一步而言，人们的自评健康通常与其自身的疾病状况又是密切相关的。这种层进的关系，表明人口与社会经济状况对人们生理健康的影响是不可忽视的。

其中，家庭收入水平对人们生理健康状况的影响最为直接。一般而言，收入水平高的人群通常也会有较强的经济实力用于健康投资和医疗支出，因此，促进经济发展水平的均衡以及收入的合理公平，可以在很大程度上有利于医疗服务利用的公平性，进而提高人们的整体生理健康水平。

2. 心理健康

一个人的心理如何才算健康，其标准如何，这是一个复杂的问题。实际上，正如人的生理健康有具体的标准一样，人的心理健康同样也有界定依据。但是，由于无客观的观测指标，心理健康指标不如生理健康指标一样可以准确地呈现。

对于人的心理健康定义，国内外一些学者曾做过相关表述。最早可参见 1946 年第三届国际心理卫生大会的界定：所谓心理健康，是指在身体、智能以及情感上与他人的心理健康不相矛盾的范围内，将个人心境发展成最佳的状态。第三届国际心理卫生大会认为，心理健康的标志是：第一，身体、情绪十分协调；第二，适应环境，人际关系中彼此能谦让；第三，有幸福感；第四，在职业工作中，能充分发挥自己的能力，过着有效率的生活。

此外，心理学家 English（1958）指出，心理健康是指一种持续的心理状态，当事者在那种情况下能良好适应，具有良好的生命活力，能够充分发展其身心的潜能。这是一种对心理活动的全面而丰富的总结，而不只是免于心理疾病。

美国人本主义心理学家马斯洛（Maslow）在 20 世纪 50 年代指出了心理健康者应具备的 10 条标准：其一，安全感充足；其二，清楚自己的定位，并对自己的能力作适当的评估；其三，生活的目标切合实际；其四，与现实环境保持接触；其五，能保持人格的完整与和谐；其六，具有从经验中学习的能力；其七，保持良好的人际关系；其八，适度的情绪表达与控制；其九，在社会规范允许的情况下，在一定程度上满足自己的基本需求；其十，在符合集体利益的情况下，适当地展现自身的个性。

综上所述，我们可以从广义和狭义两个方面来界定心理健康。从广义的方面来说，高效、满意、持续的心理状态就是心理健康；从狭义的方面来看，人的日常心理活动过程内容完整、协调统一，符合社会规范，顺应社会发展，即可视为心理健康。

3. 生理健康与心理健康的关系

世界卫生组织（WHO）对健康的界定为："健康是一种身体上、精神上和社会适应上的完好状态，而不是没有疾病及虚弱现象。"根据这一解释我们不难发现，与传统的健康定义相比，它包含三个方面的内容：第一，生理健康；第二，心理健康；第三，具有社会适应能力。完整全面的身体健康应该包括生理健康和心理健康两个部分，两者是缺一不可的。此外，国际上通常认为，社会适应能力是衡量人们心理是否健康的首要标准。

有不少人认为，生理健康与心理健康之间是没有关联的，是两个完全隔离的概念。然而，越来越多的研究表明这种认知是不全面的。在现实生活中，这两个健康维度是紧密联系、互相影响的。有不少生理健康问题都是由心理健康障碍导致的。例如，一个人的性格缺陷可能导致心理扭曲，这可能会使人体内部的激素分泌紊乱，最终导致身体机能的运作失衡。这一系列的连锁反应表现在生理健康指标上，可能就是各种客观可观测的生理疾病的产生。

因此，在本书的研究中，我们将结合农民工的特点对其生理健康和心理健康两个维度的健康指标进行综合考察，以全面分析流动过程对这一群体的显性健康人力资本（生理健康）和隐性健康人力资本（心理健康）的损耗效应。

二、人口流动理论

自人类出现以来，受自然环境、人口增长、生产发展、战争等各种原因的影响，一直都在处于不断的流动和迁移状态。因此，人口的流动和迁移并非中国的特有现象，在全球范围内，约有 2.44 亿的国际流动人口①。关于人口流动和迁移的相关理论主要有以下几种。

（1）“推—拉”理论。英国社会学家 Ravenstein（1885）最早对人口流动和迁移规律进行了分析总结，提出了著名的“迁移法则”：第一，人口迁移通常以短距离迁移为主，长距离的迁移目的地往往是大的工商业中心。相对于一个吸引移民的中心来说，移民人数与距离成反比关系。第二，迁移常常是阶段性迁移。就一个城镇来说，首先是其周围农村地区的人迁入，然后，距离较远的农村地区的移民又逐渐迁入城镇周围的农村地区。第三，迁移流与逆向迁移流同时并存，但净人口迁移流动常是从农村流向城市。一般情况下，迁移到一个地区的移民，也还有逆向迁移的存在。第四，女性人口在短距离迁移中具有一定的优势。第五，交通、通讯和技术的发展增加了迁移率。第六，有利的经济因素是吸引移民的最重要的因素。而 Lee（1966）和 Bagne（1969）则最先对“推—拉”理论进行了系统性阐述。Lee（1966）认为，劳动力迁移决策的影响因素是多方面的，需要进行综合分析。除了受到输入地和输出地条件的相对影响外，还要进一步考察劳

① 数据来源于联合国经社部发布的《世界移民报告 2018》。

动力的个人因素和中间障碍因素，这就是著名的“迁移四因素”模型。其中，在输入地和输出地可能同时存在着劳动力迁移的推力和拉力因素。而个人因素则是指个体的人口学、社会学等特征变量，中间障碍因素则主要包括迁移距离、制度差异、地理环境、物质条件、语言文化和习俗差异等相关因素。Bagne（1969）进一步对该理论进行了阐释，认为劳动力的流动和迁移主要是由于不同地区之间的工资差异所引起的，人口流动的主要目的是提高生活水平，改善生活条件。因此，输入地更高的工资水平等有利于改善生活条件的因素就成为劳动力流动的拉力，而输出地相对低下的生活条件就是劳动力流动的推力，人口的流动迁移决策是这两股力量共同作用的结果。

（2）“新古典经济学理论”，新古典经济学派在人口流动的研究过程中引入了传统经济学的供求理论，该学派认为，不同区域的劳动力供求差异是造成劳动力调整的主要原因，劳动力的流动迁移是这一调整过程的具体体现。与资本的流动方向不同，资本从高收入地区向低收入地区流动，而劳动力流动则刚好相反。当出现劳动力和资本的分布存在区域差异时，流动就会出现。例如，Todaro（1969）通过构建模型（即著名的“托罗达模型”），对发展中国家城市的劳动力市场影响因素进行分析，发现迁移后的工作机会和预期收入差异是驱使劳动力向城市流动的主要因素。Krugman（1991）通过模型推导发现，劳动力的流动方向具有非常强的倾向性，多从“边缘地区”向城市中心地区聚集，丰富的商品种类、更高的工资水平和更多的就业机会是造成人口向中心城区聚集的重要原因（即“中心—外围”模型）。新古典经济学理论主要从经济学的视角来分析人口迁移的动机。

（3）“新经济学移民理论”。新古典经济学理论假定个人是迁移过程的最小单位，而在实际研究中，许多学者发现个人决策往往与家庭有着很大的关系，从而在新古典经济学理论的基础上产生了“新经济学移民理论”。该理论认为人口迁移是在劳动力市场以及保险市场、资本市场等的共同作用下出现的，家庭成员的迁移能够有效提升家庭的收入水平，同时也能提高家庭在当地社区的社会经济地位。

（4）其他理论，如“双重劳动市场论”“世界体系理论”分别从劳动力市场分割和全球经济一体化等方面来解释现代移民现象；“移民网络理论”

则将移民网络[①]看作一种社会资本，人们利用这一资本可以降低迁移成本，增加迁移收益，降低迁移风险，从而能够快速顺利地融入流入地，获得就业机会和高收入。以上这些理论为我们研究中国近几十年的人口迁移提供了很好的理论支撑。

针对中国大规模的人口流动现象，一些国内学者也曾尝试利用传统的“推—拉”理论进行解释。例如，刘维科（1995）曾借助于“推—拉”模型构建了多因素的城镇化人口模型，并以陕西省为例，尝试利用该模型对城镇化人口进行预测分析。李强（2003）通过将中国农村劳动力流动与国际人口流动进行比较，发现国际上农村人口向城市聚集的主要推力因素通常是农村暴力现象频繁、农民土地流失、人口增速过快等，而中国农村的就业困局、贫困、城市有利的发展政策和经济集中度等往往是农村人口向城市流动的推拉因素。黄少安和孙涛（2012）利用“推—拉”理论对我国2000年以后出现的一些“非转农”的逆城市化现象进行了解释，他们发现城市就业压力过大、职业保障制度不完善、退休工资水平较低、收入差距拉大等因素导致低收入群体逐渐边缘化，以及对未来生活的不确定性预期构成了逆城市化现象的主要推力。而政府的“三农”倾斜政策、对耕地和宅基地的经济价值估计等则是“非转农”的主要拉力因素。

新中国成立以来，户籍制度和人民公社制度的实施使农民被束缚在了土地上，出现了大量的隐性剩余劳动力。20世纪80年代以后，随着家庭联产承包责任制的推行，农民的劳动积极性得到释放，劳动生产率得到了极大的提升，由此产生的大量农村剩余劳动力开始寻找出口，在市场的推动下，纷纷进入附近的乡镇企业谋生活，这对长期以来形成的城乡二元分割局面造成了极大的冲击。随着改革开放加快了东南沿海的发展步伐，出现了大量的用工需求，大批的农村劳动力流向沿海地区，出现了空前的“民工潮”。之后，随着国家经济改革的深入，人口流动的规模越来越大。出现这一现象不仅包括政策层面的原因，还有个人层面的因素。一方面人们为了提高收入，改善家庭经济条件，提升社会经济地位而选择迁移；另一方面，流出地与流入地

① 移民网络是指迁移者、以前的移民和在原籍地的家庭和朋友，与迁入地移民基于亲属关系、友情关系所建立起来的一系列特殊关系。

之间的“推一拉”作用，以及亲戚老乡、“包工头”介绍等社会网络的带动作用，呈现出家庭式流动，甚至一个村或乡的人聚集性流动的现象。

三、文献综述

（一）人口流动的影响因素

除了理论研究的不断延伸外，在实证研究方面，关于劳动力流动影响因素的研究也在不断修正和发展。有学者进一步研究了区域经济发展水平、房价、环境质量以及幸福指数等因素对劳动力流动迁移决策的影响（Kaivan，2003；David et al.，2000；Chen，2015）。也有一些学者从劳动力的流动趋势入手展开分析，进而推断其影响因素。例如，Moretti（2004）、Fu 和 Liao（2012）的研究指出，人口密度越高意味着劳动力技能匹配越容易，基于此，劳动力总是倾向于往人口集中的地区流动。国内文献中对农村劳动力乡城流动影响的实证研究也很常见，且多基于宏观省区市层面的数据展开探讨。例如，杨云彦等（2003）利用全国性的普查数据对我国劳动力流动的影响因素进行实证分析，发现收入和就业等经济变量是劳动力流动迁移的主要驱动力。朱传耿等（2001）的研究发现，社会发展、消费等要素与流动人口规模之间并不存在显著的相关关系，而经济增长、投资状况等因素则是影响人口流动的主要拉力。此外，段成荣（2001）发现社会指标和经济指标的省际差异是劳动力选择输入地的主要考察因素。王桂新和刘建波（2007）基于长三角和珠三角的劳动力研究也证实了这一观点。与传统的研究类似，佟新华和孙丽环（2014）则认为劳动力流动的首要推动因素是区域间的实际收入差异，此外，流动距离以及不同地区的劳动力流动政策等影响流动成本的因素也会对劳动力的流动意愿产生显著的影响。武优勐等（2019）利用我国 35 个大中城市的经验数据研究发现，城市的消费聚集会对外地劳动力产生显著的引力，且其作用具有门槛效应。上述利用宏观层面数据开展的研究可以在总体上探讨劳动力流动的影响因素，但不利于考察个人特征在流动决策中的作用。因此，逐渐有少量研究开始尝试利用微观调查或普查数据进行分析。

例如，张海峰等（2019）结合中国劳动力动态调查数据和115个城市的生态健康指数数据进行研究，发现城市生态健康对劳动力流入有显著的促进作用。

除此之外，有少量研究关注到了健康对劳动力流动决策的影响。一些学者通过对国际移民进行研究，发现健康状况较好的劳动力通常其流动迁移的意愿和能力也更强，也就是说，劳动力的迁移存在着“健康选择效应”（Pelkowski and Berger，2004；Riosmena and Dennis，2012；Noymer and Lee，2013）。然而，国内学者关于健康对劳动力流动意愿影响的研究还比较匮乏。Tong和Piotrowski（2012）基于中国健康与营养调查数据（CHNS）研究发现，“健康选择效应”在我国的农村劳动力流动过程中同样存在。

已有的文献为我们接下来的研究指明了一些借鉴和参考方向，但同时现有的研究也存在着一定的局限。第一，现有关于劳动力流动意愿和决策影响因素的研究多基于传统的“推—拉”理论展开，较多地考察了社会、经济、区域发展等因素的影响，而关于健康因素在其中的作用并无过多涉及，尤其是国内的相关研究更是少见；第二，对于中国大量农村劳动力流动决策影响因素的实证研究多基于省区市宏观面板数据，而基于个体和家庭等微观层面影响因素展开的探讨较少。基于此，本书将利用全国不同区域代表城市的微观数据，就健康水平对农村劳动力流动意愿的影响展开系统的实证分析，以进一步充实现有的劳动力流动理论和经验结论。

（二）农民工流动与健康的关系

国际上关于流动人口的研究起源于跨国移民这一群体。中国的农民工流动性较强，且数量众多，已经构成了世界人口流动大潮的一个重要组成部分，其群体特征与新兴国际移民有诸多相似之处。

1. 农民工流动对健康的影响

通常认为，流动性强是农村迁移劳动力的一个重要特征，较强的流动性如何影响其自身的健康状况，取决于多种因素。

（1）农民工流动对生理健康的影响。

现有的文献认为，流动可能会恶化农村迁移劳动力的健康状况，造成城乡人口健康人力资本差异，这主要是通过三个基本渠道实现的：低微的社会经济地位、更差的医疗服务可及性，以及在当地城市的艰难融入过程。为全面考察哪些因素会对农民工的健康造成影响，本书主要从三个方面对相关研究进行梳理：

第一，较低的社会地位增加了外出劳动力的患病风险。流动人口通常在住房、健康、教育、就业和社会服务等方面，无法与当地人享有同等的的权利（Litzinger，2001）。导致很多流动人口居住环境和条件相对较差，对传染病的预防措施也较为缺乏（World Health Organisation Staff and Programme，1996）。曾有学者利用1987～1993年的美国肺结核数据以及1990年的美国人口普查数据发现，较低的社会地位，如拥挤的生活环境、低工资、贫困、缺乏公共援助、失业以及教育水平低下等，会导致流动人口之间肺结核传染的相对风险（RR）较高（Cantwell et al.，1998）。此外，就我国而言，农村迁移劳动力在输入地城市往往处于边缘地位，输入地政府和居民的歧视和排斥也可能是导致流动人口的精神健康状况恶化的主要因素，而精神健康会进一步影响恶化流动人口的生理健康水平（Caplan，2007；Hovey，2000；俞林伟和朱宇，2017）。

第二，流动人口在流入地获得正规医疗服务的可及性较差。有学者发现，与美国本土居民相比，来自亚洲和太平洋岛的移民更有可能缺乏正规的医疗渠道，医疗服务可及性更差（Frisbie et al.，2001）。有中国学者以上海地区为例，发现上海本地居民和外来人口的医疗服务途径存在明显的不平等性（Zhao，2002）。由于社会隔离，流动人口可能无法有效地利用医疗卫生服务（Carballo et al.，1998；凌莉等，2015），更不可能享受到雇主提供的医疗福利（Liu，2005）。此外，流动人口的医疗保险覆盖率也普遍较低。例如，在美国的1270万墨西哥移民中，只有45%的人拥有医疗保险（Gonzalez－Block and De la Sierra－de la Vega，2011），而在美国的27.3%的儿童移民无任何形式的医疗保险（Huang，1997）。中国的情况也不容乐观。在上海，即使在无需保费的上海农民工医疗保险实施后，也仅有36.5%的上海农民工参保，仍然有16.7%的农民工无任何医疗保险（Zhao et al.，2011）。在北京，有94%的外来农村劳动力无本地医疗保险，由此导致的潜在高医疗成本限制了他们获取卫生服务（Peng et al.，2010）。类似地，Hesketh等（2008）发现在浙江外来劳动力医疗保险覆盖率仅有19%，高昂的医疗成本是造成外来人口医疗服务可及性差的主要因素。以上研究表明，在许多城市，外来农村劳动力面临着严峻的医疗服务壁垒。

第三，农民工在输入地城市的社会融入程度较低。由于“健康选择效应”的存在，最初进入输入地城市后，他们的健康水平可能优于本地居民；但是，随着时间的推移这些健康优势会逐渐消失（苑会娜，2009；齐亚强等，2012）。融入当地的社会过程被认为是他们健康状况恶化的最主要因素：一是农民工在输入地城市生活方式改变会导致健康状况恶化（Chen，2011）；二是由于医疗资源匮乏、在当地不良的健康行为和较差的生活方式，以及社会融入过程中所产生的精神焦虑等因素，也会影响外来人口的健康状况（Noh，2003；Lu，2010）。

与上述文献相反，有部分研究从死亡率和发病率的角度入手，表明流动人口的健康水平会优于当地人口，即流动对健康可能存在积极影响（Hummer et al.，2007；Singh and Siahpush，2001）。但是，这些研究发现存在一定的局限性：一是健康流动理论认为只有健康的人才会费尽千辛万苦从家乡迁移到一个新的地方，因此流动人口的平均健康水平要高于当地总人口的平均水平；二是由于外来人员在输入地的边缘化地位以及有限的医疗服务条件，使他们的死亡率和发病率可能会被低估；三是当健康状况恶化时，流动人口更倾向于返回自己的家乡。总体而言，以上三个因素可能会导致对流动人口健康估计的向上偏误。

（2）农民工流动对心理健康的影响。

在国际上，通常认为移民是一个充满压力的群体，家庭隔离、社会经济地位低下、语言和文化差异、歧视等均可能构成流动人口心理健康的危险因素。本书主要从以下几个主要方面对相关文献进行梳理。

第一，社会融合程度低下导致缺乏归属感和认同感。在输入地城市，农民工的社会融合是一个复杂的概念，包括经济、社会、文化和心理等层面的全面融合，并逐渐获得归属感和认同感的过程（李振刚，2014）。由于户籍制度、区域分隔等因素的限制，农民工无法和城镇本地人口享受同样的权利和待遇，目前大量农村流动人口仍处于“半城市化”状态，甚至被“边缘化”（王春光，2006；孙文中，2015），这会显著降低其幸福感和生活质量

(Knight and Gunatilaka, 2010; Wang et al., 2010), 增加他们的心理压力, 提高疾病的发生概率 (Lin et al., 1979)。甚至, 杜瑾 (2014) 认为社会融合程度过低, 可能会增加农村流动人口的身心压力而使他们走向犯罪。此外, 有学者从文化的视角来解释流动人口的社会整合与心理健康的关系。文化震惊理论认为, 当个体处于新文化中时会出现焦虑、挫折感、疏远和愤怒等情绪 (Kuo, 1976)。有研究发现, 在美国等发达国家, 移民通常会面临一定程度的文化冲击, 除此之外还可能会遭受一定的歧视、制度性排斥等不公平待遇, 会造成移民的幸福感下降 (Butler et al., 2015; Haasen et al., 2008)。但也有学者认为, 随着流动时间的延长, 移民对输入地逐渐适应, 这会减少他们的心理压力 (Hener et al., 1997)。同时, 这也会改善其社会网络关系, 有助于缓解陌生环境对其精神健康和情感适应的负面影响 (Herrero et al., 2011)。俞林伟和朱宇 (2017) 利用中国第一代和第二代流动人口数据, 从经济、心理、健康和文化四个角度衡量社会融合度, 结果发现相对于城镇本地人口而言, 流动人口在城市的生活满意程度较低, 居留时间、文化距离和对输入地的熟悉程度等均会影响农民工的生活满意程度。

第二, 社会经济地位低下导致心理失衡。Hu 和 Coulter (2017) 将中国的社会经济地位不平等分为个体和社区两个层面。个体层面表现为贫富两极分化, 社区层面表现为城市化进程的"碎片化"所导致的贫富社区之间在空间上的隔阂。以居民空间来作为社会经济地位衡量的标准, 结果发现拥挤的居住空间对流动人口的生理和心理健康都会造成不良影响 (Booth, 1976; Fuller et al., 1993)。但也有学者认为中国多代同居的传统、集体化社会组织等因素有可能缓解"蜗居"对心理健康造成的负面影响 (Cheng et al., 2014)。江波 (2015) 对农民工随迁子女这一流动群体的研究发现, 社会经济地位、自我效能、社会支持等因素, 会对他们的心理健康产生重要影响。农民工随迁子女比当地儿童更容易产生焦虑、抑郁和压力等负面情绪。

与上述研究不同, 有部分学者认为由于"健康移民效应" (healthy migrant effect) 的存在, 与本国当地居民相比, 国外移民的身体和心理健康状态均呈现出一定的优势, 这是跨国移民积极选择的结果 (Feliciano, 2005; Palloni and Arias, 2004)。但也有一些研究认为, "健康移民效应"缺乏足够的科学依据 (Rubalcava, 2008), 该效应是否存在有待进一步验证。

通过对现有文献的梳理，可以发现已有的研究在一定程度上解释了不同人群体生理健康和心理健康差异的影响因素，但是现有的文献也有一定的局限性，主要体现在以下两个方面：第一，对于农民工流动对健康的影响方面，现有研究多以国际经验为主，对于中国大量农民工从农村到城市的流动与生理健康和心理健康的影响机制，缺乏系统的实证研究；第二，已有的研究所选健康指标较为狭窄，不能在整体上衡量健康的状态。鉴于此，本书将利用全国不同区域的微观数据，选择相对全面的生理和心理健康衡量指标，借助计量模型，通过比较不同群体之间的健康差异，就流动状态对人口健康的影响进行实证分析，以得到更为可靠的结论。

2. 健康对农民工返乡决策的影响

一般来说，农民工的流动包括四个阶段：准备阶段、流动阶段、输入地滞留阶段和回流阶段。返乡回流是迁移的最后阶段，对这一阶段的研究主要集中在回流决策的影响因素（朱竑等，2019；李志刚等，2020）。

有一些理论被用来解释为什么外出劳动力会从当前城市返回家乡。生命周期理论认为，返乡回流是人体老化的结果（Borjas and Bratsberg，1994）。人生的一些重大事件，如结婚、退休等可能会使农民停止工作（Clark and Lisowski，2017；彭璐等，2017）。人力资本理论认为，外出劳动力在输入地城市无法生存是促使他们返乡的重要因素（Caldwell，1969）。这些返乡人员通常是年长者，他们的受教育程度和专业技能较低，在劳动力市场的竞争力较弱（Newbold，2001）。网络理论认为，在当地城市无法建立一个有效的社会网络会促使外来人员选择返乡回流，这个网络在流动人口适应和融入当地社会过程中起着至关重要的作用（Liu et al.，2015）。劳动力市场分割理论认为，外来人员返乡是由于他们无法进入输入地城市的就业市场，因为本地户口是某些特定工作的先决条件（Lang and Smart，2002）。投资理论认为，在输入地城市获得的高级技能和收入使外出劳动力可以返乡成为企业家或投资者（Ma，2002；陈宏胜等，2015）。另有一些研究认为，家庭需求会促使农村外出劳动力返乡，如回老家照顾生病的家人或老人，或者是在输入地城市实现自己的目标后衣锦还乡（Wang and Fan，2006）。此外，有研究表明，回流存在明显性别差异（林李月和朱宇；2015），女性更易受家庭照料需求的影响。任远和施闻（2017）提出外出劳动力的回流迁移是“被动回流”和“主动回流”相结合的过程，是个体决策和家庭决策的综合过程。

但是，以上这些关于回流返乡的解释中，几乎没有考虑到健康对回流决策的影响。健康可能会通过以下方式影响个体的回流倾向：第一，当他们的健康状况出现问题时，在输入地城市沉重的医疗负担会促使流动人员返回家乡。外来人员在输入地城市的医疗保险覆盖率通常很低。例如，在美国的1270万墨西哥移民中，只有45%的人拥有医疗保险（Gonzalez - Block et al.，2011）；在美国的儿童移民中，有27.3%的人无任何形式的医疗保险（Huang，1997）。因此，当出现严重的健康问题时，很多移民可能更倾向于返回家乡利用他们本地的保险项目。第二，在寄宿城市获得医疗服务的局限性也会促使生病的移民返回家乡。由于社会的排斥（Carballo et al.，1998）或者信息缺乏（Newbold，2005），许多移民无法有效利用当地的健康医疗服务。生病时外来人员也可能会返回家乡寻求家庭支持（Zhang et al.，2007）。然而，由于移民大多出现在较发达地区，当地城市的医疗条件要优于移民家乡的医疗条件。因此，一些生病的外来人员可能会选择继续留在当地城市以获得更先进的医疗服务和设备。

“三文鱼偏误效应”（Pablos - Mendez，1994）理论认为，回流返乡人群的健康状况低于一般水平，并且已经在一些流动人群中得到体现。基于对在英国的中国移民的案例研究，Fong（2008）发现，当出现健康危机时，中国移民倾向于选择回到中国永久居留。基于1995年和2004年搜集的南非农村的面板数据，Clark等（2007）发现返乡农民工的年度死亡率严重高于其他农民工。类似的倾向也出现在其他移民人群中，包括拉美裔移民（Turra and Elo，2008）、墨西哥移民（Ullmann et al.，2011），以及其他国家移民（Van Hook and Zhang，2011）。研究人员发现，与非流动人口相比，返乡的流动人口更可能患心脏病、精神疾病，以及滥用药物，死亡率也更高。类似的观点也得到了一些中国学者的支持（齐亚强等，2012）。Song（2016）、陆铭（2014）认为劳动保护不健全、户籍分割、“新农合”异地就医报销困难，是健康状况较差的农村外出务工人员更容易返乡的主要影响因素。秦雪征和郑直（2011）、贾男和马俊龙（2015）分别用实证的方法证明了非携带式医保可能会阻碍农村劳动力的迁移。

正如以上所讨论，健康状况恶化可能促进或者抑制农村外出劳动力回流返乡。一方面，当他们的健康状况变差时，城乡之间悬殊的医疗成本差异以及医疗保险报销壁垒可能会迫使外来人员返回家乡。更进一步来说，在输入地城市就医的局限性以及对高水平医疗机构缺乏认识，也可能促使患病外出劳动力回流进行治疗（Wei et al.，2010）。另一方面，由于城市的医疗资源更为充足（如医疗专家、先进的医疗设备等），当出现健康问题时，外出劳动力留在输入地城市可能会达到更好的医治效果。通常认为，人力资本主要由教育和健康两部分组成。由于外出劳动力受教育水平较低，身体健康就成了他们留在城市就业市场的最重要因素。因此，对于农村外出劳动力来说，如果他们希望继续留在城市工作，保持身体健康是非常必要的。从这个角度来看，城镇地区高质量的医疗资源会促使外出劳动力留下，而不是回流返乡。

综上所述，农村外出劳动力的回流决策不仅取决于个人因素，也会受到家庭禀赋的影响。逆向迁移现象是劳动力输入地和输出地共同作用的结果，也是宏观制度和微观因素共同影响的结果。以上研究为本书研究奠定了坚实的基础，但也存在一些局限。第一，一些研究以经济增速放缓为背景，从宏观角度探讨了经济发展、产业结构调整对外出劳动力回流的影响，而从劳动力微观层面分析逆向迁移行为还比较匮乏，而基于健康视角的分析更是少见。第二，关于健康水平对外出农民工回流决策的影响，现有研究多以国际经验为主，对于中国大量的城乡劳动力流动与健康的联系机制，仅存在一些定性分析和少量定量分析。基于此，本书主要讨论两个问题：一是健康是否会影响外出农民工的回流决策？二是健康对外出农民工回流决策的影响机制如何？本书期望通过实证分析，对这两个问题进行进一步的检验和论证。

（三）劳动力迁移、社会阶层与主观幸福感

长期以来，幸福感是一个横跨经济学、管理学、社会学、心理学等多个学科的热点研究话题。关于幸福感的影响因素，最初多集中于经济发展水平和居民收入。Easterlin（1974）曾提出了著名的“伊斯特林悖论”，即随着时间的推移，幸福感并不会随着收入的增加而继续提升。自此以后，很多学

者开始尝试从不同的角度探讨幸福感的影响因素。既有基于经济制度、文化背景和自然环境等宏观因素进行的阐释（Hariri，2016；Yuan，2013；Zhang，2017），也有基于年龄、性别、教育、婚姻、健康、住房、宗教信仰等个体特征展开的分析（Blanchflower and Oswald，2004；夏巍巍和金祥荣，2017）。主流观点认为，尽管不同的经济体之间社会发展程度有所差异，但影响主观幸福感的关键变量可能是一致的（Helliwell and Barrington - Leigh，2010），且不同个体之间、不同群体之间的幸福感是可以进行横向比较的（Diener et al.，2013）。上述文献为不同分类群体的主观幸福感比较提供了理论依据。

关于劳动力迁移、社会阶层与主观幸福感之间的关系，现有文献往往立足于两两变量之间的关系探讨。基于本书的研究逻辑，下面将从三个方面对相关文献进行梳理。

1. 劳动力迁移与主观幸福感

关于迁移是否能提高个体的主观幸福感，多数研究关注了跨国迁移与幸福感之间的关系。Bartram（2013）和 Stillman 等（2015）的研究发现，移民的物质水平得到了改善，但与此同时主观幸福感却降低了。Hendriks 等（2016）发现移民的幸福感低于本地居民，而这主要是由于迁移后的社会资本差距导致的。Kóczán（2016）基于德国的调查研究发现，文化差异也是造成移民幸福感下降的主要原因。与上述结论不同，Nikolova 和 Graham（2015）的研究则表明，迁移行为对迁移者的收入水平、幸福感等福利指标均有显著正向影响。Knight 和 Gunatilaka（2010）首次以发展中国家的乡城迁移为视角，研究发现迁移到城镇的农村劳动力收入水平显著高于农村居民，然而幸福感却同时低于农村居民和城镇居民。国内有学者认为，劳动力迁移使个体在资源获取、生活期望以及文化适应上的冲击降低了主观幸福感（刘毓芸等，2015），而且无论是否发生户籍变动，有过迁移经历的个体主观幸福感均显著低于未迁移居民（张雅欣和孙大鑫，2019）。而关于户籍变动与幸福感之间的关系，孙三百和白金兰（2014）、温兴祥和郑凯（2019）则得出了不同的结论，他们发现获取户籍的迁移行为并未降低幸福感，而未获取户籍的迁移行为则产生了负向幸福效应。户籍制度成为限制迁移劳动力在流入地城市享受和当地居民同等的教育、医疗和养老等福利待遇的一道壁垒（朱江丽和李子联，2016）。祝仲坤等（2019）利用全国性的微观调查数据发现，相对于省内迁移，跨省迁移者的主观幸福感损失更大；相对于家庭化迁移，孤身迁移也存在显著的幸福弱化效应。陈飞和苏章杰（2020）的研究认为高教育水平和异地迁移的农村劳动力幸福损失更大，且损失程度不随迁移时间的延长而下降。其中，由期望收入水平调整导致的收入对幸福感的边际效应下降，是幸福损失的主要原因；而自评社会阶层、社会公平感等因素的降低，则是导致迁移者幸福损失的另一重要原因。

2. 社会阶层与主观幸福感

关于社会阶层与主观幸福感的关系，无论是对跨国移民的样本研究（Mizobuchi，2017；Helliwell et al.，2018），还是针对某一国家或地区内部移民的具体分析（Barger and Donoho，2009），大多得到了相似的结论：社会阶层认同及阶层的向上流动对幸福感均有显著的正向效应。而且，这种影响存在显著的城乡差异。相对于城镇居民来说，农村居民的幸福感对社会阶层变化更为敏感（闰丙金，2012）。此外，子代相对父代的职业地位下降会显著降低其主观幸福感（鲁元平和张克中，2014），而自评阶层及预期阶层的正向变化则有利于提升个体的主观幸福感（Fischer，2009）。还有学者认为，应当区分客观社会阶层和主观社会阶层对幸福感的影响差异。主观幸福感更多的是个体与周围熟人或同龄人进行横向比较以及与自己的过去进行纵向比较而得出的综合评价。也就是说，与收入、职业等客观指标相比，主观社会阶层是个体综合考虑社会经济条件、职业地位以及主观情感体验之后的心理感知，不仅能够在一定程度上反映其客观社会阶层，更是进行了社会比较之后的结果（刘晓柳和王俊秀，2020）。由于与个体主观幸福感的内在逻辑与特征更为一致，因此主观社会阶层相对于客观社会地位在预测个体主观幸福感上可能更有优势（张雅欣和孙大鑫，2019）。

3. 劳动力迁移与社会阶层

在现有的文献中，针对劳动力迁移与社会阶层之间关系的研究还比较匮乏，且多基于社会阶层的认知视角。有研究认为，对于农村劳动力来说，迁移是个人提升收入、获取更多就业机会以及改善阶层的重要途径（孙三百等，2012；刘学军和赵耀辉，2009）。然而，由于地理环境、社会关系以及语言文化的差异，迁移过程势必会给迁移者的行为习惯、生活状态带来冲击（Knight and Gunatilaka，2010；Niesen et al.，2010）。首先，迁移者需要适应陌生地理环境的饮食习惯、居住条件以及气候变化。其次，劳动力迁移意味着脱离原籍地的社会网络和社会资本，转而在流入地城市构建新的社会关系。然而，这将是一个漫长的过程，需要耗费较长的时间周期进行网络重构，并投入大量精力来维持新的网络。最后，地域的生活文化差异可能会使迁移者在城市融入过程中产生一种天然的自卑感和心理劣势。对于大多数农村迁移劳动力来说，只有在职业发展、财富积累以及社会资本上优于城市本地居民，其主观社会阶层才会有正向感知，甚至户籍转换也无法改善迁移带来的负向影响（Ferrer－I－Carbonell and Frijters，2004）。因此，迁移过程可能是一个迁移者从城市社会底层重新向上攀升的过程。

综上所述，已有文献对于分析劳动力迁移与社会阶层、个体主观幸福感的关系具有重要的指导意义，但同时也存在一定的局限性：第一，现有研究多关注劳动力迁移与主观幸福感、社会阶层与主观幸福感之间的关系，对于劳动力迁移与社会阶层之间的关系鲜有研究，而关于劳动力迁移、社会阶层与幸福感三者之间的逻辑探讨更是少见；第二，关于社会阶层指标的选取较为单一，很少有研究能够将客观社会阶层和主观社会阶层、阶层认同和阶层流动等不同维度的指标结合起来展开系统探讨；第三，在考察劳动力迁移行为对社会阶层、主观幸福感的影响时，多数文献仅笼统地将迁移群体与非迁移群体进行对照研究，而未根据迁移特征和户籍属性等对样本进行细分，全面考察各分类群体之间的差异。因此，在总结现有研究的基础上，本书尝试展开以下分析：（1）利用全国性的微观调查数据，选取系统的社会阶层指标，通过迁移特征和户籍属性对样本进行分类，进而构建特定的计量模型对不同群体之间的主观幸福感和社会阶层差异进行全面考察；（2）利用合适的中介效应分解方法，检验社会阶层变量是否发挥了中介作用；（3）根据迁移特征对迁移劳动力类型进行再次细分并展开异质性分析，进一步探讨不同迁移群体之间的幸福感和社会阶层差异。

四、农民工流动与健康的双向影响机理

农民工的流动过程可以分为四个阶段——流动前阶段、流动阶段、输入地滞留阶段、返乡阶段。不同的流动阶段与健康的关系也不相同。个人健康状况受流动经历的直接影响，反过来也决定着其流动机会和流动决策，具体如图 2－1 所示。

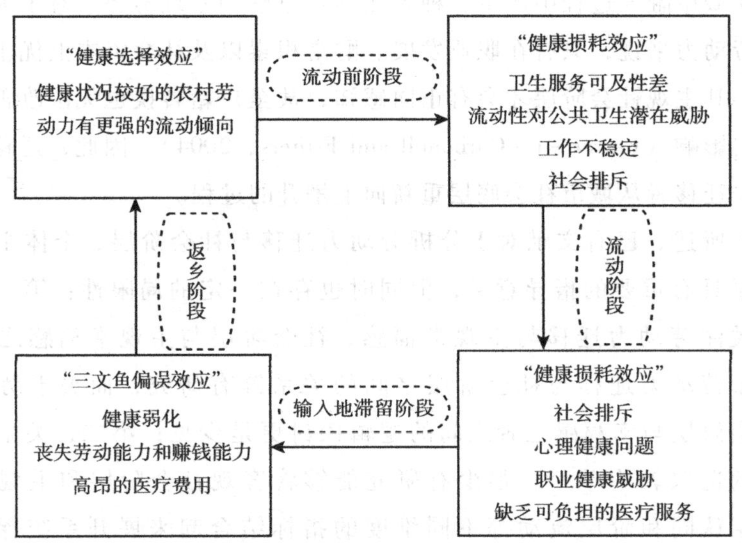

图 2－1　农民工流动与健康的双向影响机理

在流动前阶段，具备必要健康条件的人往往更易于流动，也即农民工的健康状况选择性地优于输出地其他居民和一般人群，这被称为"健康移民效应"，也被称为"健康选择效应"（Antecol and Kelly，2006；Chiswick et al.，2008；Noymer and Lee，2013）。在流动阶段，农民工所面临的最严重的问题是由于在生病时难以及时获得医疗卫生服务，他们可能遇到潜在的公共卫生威胁。有研究指出，流动状态和生病时未能及时就诊可能引发传染性疾病的扩散和爆发，从而严重威胁到当地公共卫生，甚至威胁到经济和社会发展（Teng，2010；Chen and Zhang，2007）。在输入地滞留阶段，当人们在一个

城市找到适宜的工作并停留相对较长一段时间时，职业健康、社会支持与融合、医疗保障与服务可及性等成为该阶段影响农民工健康的主要问题。首先，流动人口相对较低的社会经济地位和较强的流动性，决定了其居住环境往往具有明显的临时性特征，居住条件拥挤、简陋，缺乏必要的卫生和安全措施。其次，城乡分割的劳动力市场与农民工自身相对较低的知识和技能水平，决定了其在城市劳动力市场上处于不利的竞争位置。多数农民工处于职业阶梯底端，在劳动密集型的工作岗位进行高强度、超长时间的劳作，工作环境的公共卫生风险和安全隐患突出。最后，农民工在城市的社会融入性差，缺乏应有的社会支持和归属感，这在客观上降低了其对公共卫生风险的抵御能力，而导致健康状况恶化，这就是所谓的“健康损耗效应”（Findley，1988；Salant and Lauderdale，2003；Pylypchuk and Hudson，2009；Feletcher et al.，2011；Gimeno - Feliu et al.，2013；陆铭等，2016）。而在返乡回流阶段，由于各种原因返乡的农民工中，那些因为生病回家治疗或者因为年老体弱而返乡的人健康状况堪忧，部分或全部失去劳动能力，从而失去劳动赚钱能力，有的甚至需要承受沉重的医疗负担（Xing and Zhou，2011）。由于农民工在输入地城市社会福利和服务体系中处于边缘化位置，在健康状况明显变差时他们更倾向于返回输出地，以节省医疗费用和生活成本、寻求社会和家庭支持，有研究称其为“三文鱼偏误效应”（Pablos - Mendez，1994；Palloni and Arias，2003；Blair and Schneeberg，2013）。

过去二十多年，越来越多的研究者开始关注流动对成年流动人口心理健康的影响。已有的文献表明，作为一个充满压力的过程，流动与流动人口的心理健康状况（如抑郁、焦虑、自杀行为等）显著相关（Dogra et al.，2011）。其原因可能归结于流动过程本身带来的压力，以及一些环境和心理方面的影响因素，如流动的社会——文化模式、经济困难、医疗卫生保健的低可及性、低社会支持、高社会歧视以及期待和收获的差距等（Li et al.，2006；Wang et al.，2010）。在西方国家的文献中，至少有三个理论模式（即社会孤立理论、文化震惊理论和追求目标压力理论）来解释流动给人口带来的深刻生活变化，及其对流动人口心理健康的潜在影响。

（1）社会孤立理论。社会孤立理论认为流动不仅包括流动人口与原先文化和价值观的物理分离，还包括与他们社会交往网络的分离，这些原因导致了心理疾病的发生，或体验到与流动有关的最具破坏性的感受（Kuo，1976）。观察发现，流动人口常常遭遇强烈的孤独感、疏离感，面临着去社会化、低自尊和无力建设或维持社会关系等问题。在该理论看来，环境和心理的孤立常常带来心理疾病，而个体对孤立的主观解释使流动人口更容易出现心理健康症状。根据该理论，社会孤立是流动人口最糟糕的主观感知，在输入地的沟通和融合障碍容易导致流动人口的社会角色出现偏差，从而直接或间接地引发心理疾病。

（2）文化震惊理论。根据文化震惊理论，流动人口最严重的适应问题是由文化震惊引起的，是指当一个人处于新文化中时（例如身处国外）会出现焦虑、挫折感、疏远和愤怒等情绪（Kuo，1976）。该理论强调文化适应及其过程对流动人口心理健康的影响。此外，该理论指出，由于价值冲突和个体出现的无效能感，相对于那些进入相似文化背景社会的移民，进入与原居地差异巨大的国家/社会的移民会更难以适应主流社会。该理论还强调，移民的时间越短，感受到的震惊感越强烈，也就越可能出现心理问题。只有当移民良好地适应了主流文化，其心理疾病倾向才会下降。

（3）追求目标压力理论。追求目标压力理论强调流动人口在流动前的期待与其在流动后的收获之间的差距（即追求目标的压力或未满足的期待）是心理疾病的最独特的原因（Williams and Berry，1991）。“追求目标的压力”这一概念，基于 Merton（1957）和 Hyman（1942）的参照组行为理论而提出，被认为是心理痛苦的原因（Sellers and Neighbors，2008）。不同于前两个理论，追求目标压力理论并不强调流动人口比本地居民的心理障碍发生率更高。而且，该理论认为因流动过程中其他压力源而产生的心理压力（如文化震惊），可能会被低水平的追求目标压力所中介（Parker et al.，1969）。一些研究表明，追求目标压力与高水平的心理困扰显著相关（McKelvery and Webb，1996）。例如，对美国的越南移民的研究发现高水平的追求目标压力导致心理症状水平的升高。类似的结果也出现在一项对非裔美国人的研究中，该研究发现追求目标压力与低幸福感、低生活满意度、低自尊和高心理困扰水平显著相关（Sellers and Neighbors，2008）。

尽管当前在国际移民中已有一些关于流动和心理健康关系的理论，但针对中国农民工的乡城流动和心理健康关系的综合性理论框架却非常缺乏。正如我们所知，在中国，国内流动的现象及其特征非常独特，与西方国家的跨文化或跨国的流动现象截然不同。因此，基于对中国农民工流动现象的观察和已有的研究结果，我们认为流动与心理健康存在以下潜在理论关联。

首先，我们认为流动是一个伴随诸多压力的过程，会加剧与流动有关的社会隔离，进而促进心理健康症状的增加。在所有与流动有关的压力源中，感知到的歧视被认为是一种慢性压力源，会促使心理障碍的产生，使流动人口难以建立新社交网络，并导致社会隔离的出现。例如，有研究发现社会和空间隔离会导致社会支持和社交网络减少，进而预测到显著的高水平精神障碍（Hovey，2001）。

其次，一些人口学和心理社会危险因素，如社会经济地位和追求目标压力等会进一步强化流动对心理健康的消极效应。

最后，基于心理弹性视角，一系列的保护性因素，如流动社会支持、父母关心以及对逆境的态度等可能会调节流动对劳动力心理健康的影响，弱化流动对心理健康带来的不利影响。

五、本章小结

在当前的背景下，农民工群体的存在必将经历漫长的历史时期。“农民工”这一称谓能够准确、简洁地反映出这一群体的典型特征。关于健康的衡量和界定标准差异较大，结合世界卫生组织（WHO）对健康的定义，本书将健康分为生理健康和心理健康两个维度。

对于人口迁移理论和流动动机的探讨早已有之，如传统的“推—拉理论”“经济决定论”“新古典经济学理论”“新经济学移民理论”等，从不同的角度解释了人口流动与迁移的动机。除了理论研究的不断延伸外，在实证研究方面，关于劳动力流动影响因素的研究也在不断修正和发展。人口的流动和迁移并非中国的特有现象，但是中国大规模的农村劳动力乡城流动有着自己的特色。在此基础上，以健康为切入点，对农民工流动与健康的关系进行梳理。本章分别从农民工流动对生理健康的影响、农民工流动对心理健康的影响，以及健康对农民工回流返乡决策的影响等角度展开。进一步地，对农村劳动力迁移、社会阶层与主观幸福感之间的链式逻辑关系进行了扩展分析。作为农民工城乡流动和居留意愿的重要影响因素，对社会阶层与幸福感的研究能够在一定程度上揭示当前农民工数量下降的原因。最后，对农民工流动与健康的双向影响机理进行剖析。特别地，结合社会孤立理论、文化震惊理论和追求目标压力理论对流动与心理健康之间的关系进行分析，并据此明确了相应的理论框架与潜在关联。

| 第三章 |

农民工的流动态势与健康问题分析

1984 年中央出台的一号文件，为农民进城务工提供了前所未有的政策支持。自此以后，农民工的大规模流动便成为常态。根据国家统计局的数据，2020 年，从农村到城市的流动人口总数达到了 2.86 亿。随着这个数字的增长，农民工在城市经济建设中发挥了不可磨灭的作用，是中国工业化、新型城镇化进程中不可或缺的组成部分。

一、中国农民工流动态势分析

农民工群体的出现以及大规模流动是多种因素综合作用的必然产物。改革开放的推进、工业化和城镇化的快速发展、农村定位的转变、土地制度的变革，以及流动人口政策的支持，这些因素的共同作用催生了农民工这一特殊群体的形成。

纵观世界各国的工业化和城镇化历程，劳动力流动与产业转移是普遍存在的规律。虽然社会环境、政治制度、基本国情等方面存在差异，不同国家的人口转移模式也各不相同，但也有其共同之处：第一，工业化与城镇化进程基本是同步推进的；第二，工业化与城镇化相互促进，相互推动，农业劳动力的产业转移与流动基本是同步的。高速的经济增长需要大量的劳动力支撑，这为农村劳动力向非农产业迁移奠定了基础。与此同时，伴随着政策的变革以及资源分配失衡等原因，城乡之间、区域之间发展失调，收入差距逐渐扩大，这也促使农村劳动力产生了转移的主观意愿。外部环境和内部因素的共同作用构成了我国农民工群体流动和逐渐扩张的主要原因。

（一）农民工的数量变化趋势

根据目前人口流动的特点，流动方向呈现出多向化辐射特征，以外出务工的农村剩余劳动力为主要群体，且有家庭整体迁移的趋势。表 3－1 总结了 2012～2020 年中国农民工总量以及本地农民工和外出农民工的数量分布，表 3－2 为 2019 年末各省、自治市、直辖市的人口净流入情况（限于数据的可得性，这里不包括港、澳、台地区）。表中数据显示，农村外出劳动力的数量持续增加，尽管在 2020 年由于新冠肺炎疫情影响导致农民工数量下降，但是总体来看农民工的总量仍是一个庞大的数字。而且过去几年人口输入的区域主要集中在东南沿海，西部地区的新疆、四川、重庆，以及有地缘优势的陕西、安徽等。由于人口基数、经济发展等因素制约，导致山东和黑龙江成为人口净流出数量最多的两个省。

表 3－1　2012～2020 年中国农民工数量　　单位：万人

年份	2012	2013	2014	2015	2016	2017	2018	2019	2020
农民工总量	26261	26894	27395	27747	28171	28652	28836	29077	28560
本地农民工	9925	10284	10574	10863	11237	11467	11570	11652	11601
外出农民工	16336	16610	16821	16884	16934	17185	17266	17425	16959

数据来源：2012～2020 年《全国农民工监测调查报告》。

表 3－2　2019 年末各省区市人口流入净值　　单位：万人

省区市	净流入	流入比例	省区市	净流入	流入比例
浙江省	84.37	1.471%	内蒙古自治区	－0.91	－0.036%
广东省	83.32	0.734%	贵州省	－1.41	－0.033%
新疆维吾尔自治区	27.28	1.097%	山西省	－1.28	－0.034%
重庆市	13.50	0.435%	广西壮族自治区	－1.32	－0.027%
福建省	5.20	0.132%	湖南省	－1.86	－0.027%
安徽省	4.42	0.070%	云南省	－2.25	－0.047%

续表

省区市	净流入	流入比例	省区市	净流入	流入比例
海南省	4.08	0.437%	辽宁省	-4.11	-0.094%
四川省	3.89	0.047%	陕西省	-4.69	-0.121%
西藏自治区	3.27	0.950%	河南省	-5.15	-0.054%
江苏省	2.55	0.032%	北京市	-6.27	-0.291%
宁夏回族自治区	1.03	0.150%	吉林省	-11.03	-0.408%
上海市	0.72	0.030%	江西省	-11.99	-0.258%
河北省	0.08	0.001%	湖北省	-15.27	-0.258%
青海省	0.02	0.003%	黑龙江省	-17.77	-0.477%
甘肃省	0.02	0.001%	山东省	-19.93	-0.198%
天津市	0	0%			

数据来源：由各省区市公布的2019年人口数据推算得出。

表3-3和表3-4分别为2015~2020年的农民工输出地和输入地分布情况。从输出地来看，东部地区的农民工数量持续减少，而中部地区和西部地区的农民工数量则不断增加。从输入地来看，农民工主要流向东部地区，但随着时间的推移，东部地区对劳动力的吸引力呈现下降趋势，而中部地区和西部地区的人才吸引力则不断增强。

表3-3　农民工地区分布——按输出地分　单位：万人

年份	2015	2016	2017	2018	2019	2020
东部地区	10760	10400	10430	10410	10416	10124
中部地区	9609	9279	9450	9538	9619	9447
西部地区	7378	7563	7814	7918	8051	8034
东北地区	—	929	958	970	991	955

数据来源：2015~2020年《全国农民工监测调查报告》。

表3-4　农民工地区分布——按输入地分　单位：万人

年份	2015	2016	2017	2018	2019	2020
在东部地区	16489	15960	15993	15808	15700	15132
在中部地区	5977	5746	5912	6051	6223	6227
在西部地区	5209	5484	5754	5993	6173	6279
在东北地区	—	904	914	905	895	853
在其他地区	—	77	79	79	86	69

数据来源：2015~2020年《全国农民工监测调查报告》。

（二）农民工的发展与变迁历程

纵观改革开放以来我国农民工群体的发展和变迁历程，大体上可以分为三个阶段：

（1）第一阶段：20 世纪 80 年代初期至末期。这一时期的农民工以就地转移为主，“离土不离乡，就地进工厂”。十一届三中全会以后，中国内外并举的一系列举措政策开始起步，对内改革、对外开放。其中，对内的改革以农村为先。经济体制改革大大提高了劳动效率，加之经济的快速发展，生产机械化程度的提升，农业的劳动力需求开始降低。在此期间，农村出现了大量的剩余劳动力。为了提升劳动力的使用效率，1984 年中央出台一号文件，鼓励集体和农民共同协作，本着自愿互利的原则，根据商品经济的需求，聚拢资金，联合举办乡镇企业。这一举措极大地提高了农村的经济活力，乡镇企业得到了快速发展，为大量的农村剩余劳动力提供了工作岗位。在这一背景下，由于这一群体的农村户籍与离农从业特征，“农民工”这一称谓便应运而生了。

（2）第二阶段：20 世纪 90 年代初期至 21 世纪初期。这一阶段农民工的大规模跨区域流动开始出现，“离土又离乡，进城进工厂”。随着社会主义市场经济的深入发展，城镇劳动力的供给开始无法满足日益增长的劳动力需求，对于一些工业化推进较快的东部沿海地区以及一些大城市更是如此。在此背景下，大量的欠发达地区农村劳动力开始跳出农村跨入城镇寻找工作机会，进城务工经商谋求生计。随着我国加入世贸组织为工业化、城镇化的推进提供了更好的发展契机，农民工的数量加剧增长，劳动技能、综合素质也日益加强，劳动力竞争力得到提升，此时的农民工开始呈现出了跨省流动的趋势。

（3）第三阶段：21 世纪初期至今。这一时期的农民工规模与流动呈现出稳定增长的态势，“提升技能，融入城市”。农民工的数量持续增加，首次突破了两亿的规模，大部分都聚集在广东沿海等发达地区。虽然 2008 年的国际金融危机给数以千万计的农民工岗位造成了严重的冲击，但随着中国经济的快速复苏和平稳发展，农民工的就业很快恢复至危机前的水平，同时带动了企业的发展，对企业生产能力的恢复起到了不可磨灭的作用。党的十八大召开以来，“农民工市民化”成为农民工发展工作的一个重要议题。这一目标的实现需要诸多配套政策共同推进。加快推进城乡户籍制度改革，打破户籍制度壁垒；加强农民工的劳动技能培训，提升农民工的就业竞争力；推进农民工对子女教育、医疗等城镇基本公共服务的可及性，为农民工融入城镇打好基础。到 2018 年底，全国有 9000 多万农民工在城镇落户①，有超过一半的农村剩余劳动力实现了转移就业，其中约 2/3 的农民工进城务工经商，约 1/3 选择了就地就近转移就业（杨志明，2018），这在世界农业劳动力转移史上都是一个伟大的创举。

（三）农民工政策的演变历程

农民工从开始出现到目前形成一个庞大的特定群体，这个发展过程离不开国家政策的支持。随着经济社会的不断发展变化，相应的政策也在不断做出调整，与时俱进。

1. 从严格限制到有限进城（1978 ~ 1988 年）

十一届三中全会的召开通过了《中共中央关于加快农业发展若干问题的决定（草案）》，要求在全国农村推行家庭联产承包责任制，由农民承包集体土地自主经营。农村土地经营体制的改变从根本上调动了农民的劳动积极性，提高了农业生产效率，但由于经济发展滞后，此时农民的想法是通过农业生产来实现温饱的目标。虽然出现了通过发展乡镇企业吸纳农村富余劳动力的“离土不离乡”的苏南模式，但总体来看农民工的流动并未形成规模。就城市而言，大规模的改革并未推开，加上大量的知青返城、干部“摘帽”恢复工作等，给城镇带来了巨大的就业压力。因此，为了缓解城镇的就业压力，国家仍在严格限制农村劳动力向城镇流动。1979 年 3 月出台的《关于清理压缩计划外用工的办法》，指出严格清理压缩计划外用工人数，并要求重点清理全民所有制单位计划外使用的农村劳动力。1980 年 8 月，中央召开了

① 该数据由往年政府工作报告整理得出。

全国劳动就业工作会议，指出城镇就业员工过剩，要求严格控制农村人口向大中城市流动。1981 年 10 月，中共中央、国务院出台《关于广开门路，搞活经济，解决城镇就业问题的若干决定》，以及同年 12 月国务院出台的《关于严格控制农村劳动力进城做工和农业人口转为非农业人口的通知》，进一步强调要严格控制农村劳动力向城镇流入，农民不得进城务工或定居，并坚决清退农村外来用工人员。

农村改革成效显著，粮食产量快速增长，到 1983 年，约有 94.5% 的农户实行了包产到户（李中建，2011），全国粮食产量高达 3.87 亿吨，人均 376 公斤（黄顺江，2013），粮食短缺的局面得到了根本性改善，农民的温饱问题得到了初步解决。农业生产形势向好，也使农业生产领域出现了一定程度的劳动力过剩问题。农业劳动力向其他领域转移，已经势在必行。

从 20 世纪 80 年代中期开始，国家的改革开始向城市转移。随着改革的深入，城乡二元结构开始动摇，国有企事业单位活力增强，市场管制放松，经济发展势头空前迅猛，对劳动力的需求也空前增加。

为了解决农村剩余劳动力问题，1984 年中央在北京召开了农村工作会议，随后出台了中央一号文件《关于 1984 年农村工作的通知》，要求各省、自治区和直辖市选取集镇开展试点，“允许务工、经商、办服务业的农民自理口粮到集镇落户”。同年 10 月，国务院颁布了《关于农民进入集镇落户问题的通知》，允许在集镇有固定住所、有经营能力或者在乡镇企事业单位长期务工的农民落常住户口，发“自理口粮户口簿”。这意味着长期的人口流动限制政策开始松动。1985 年，随着粮食配给制的取消，农业生产不再是农民的唯一出路，为农村剩余劳动力向城市流动创造了条件。1986 年，国务院出台了《国营企业实行劳动合同制暂行规定》和《国营企业招用工人暂行规定》，首次允许国营企业招收录用农村劳动力。

虽然 1984～1988 年在农业生产率提高和乡镇企业迅速发展的共同作用下，农村劳动力流入城镇的数量迅速增加。但是，农民工进城还存在诸多壁垒。例如，进城农民无法像城镇人口一样成为正式从业人员，只能作为临时性工人。不允许农民到一般的城市或大城市落户，只能在集镇落户，而且在当时的背景下需自带口粮，而无法享受集镇提供的口粮等公共服务。尽管如此，允许农民到集镇落户依然具有非凡的意义，这意味着他们离融入城市又进了一步。

在这个阶段，随着计划经济向市场经济转变，农民工政策也呈现出相应的过渡特征。尽管农村劳动力流动的政策有所放松，但政策仍是以城市为主导。农民流入城市务工或从事经商，需要建立在城镇自身发展的基础上，以不影响城市居民就业为前提。这是对农村劳动力自发流入城市的一种被动的承认。

2. 从控制“盲流”到有序进城（1989～2000 年）

20 世纪 80 年代后期，随着改革开放和商品经济的持续推进，东南沿海等地区经济发展迅速，外资企业、乡镇企业等快速崛起，导致对劳动力的需求大大增加。此外，由于农业经济效益不景气，农民收入开始出现下滑的趋势，农村劳动力的离农倾向越来越明显。在资源和收入差距的驱动下，一些中西部欠发达地区的农村劳动力开始跨省流入东南沿海地区，形成了所谓的“民工潮”。

庞大的农民工群体给城镇的交通、治安、就业和承载能力造成了巨大的压力。在严峻的形势下，为了尽快使国民经济恢复正常的秩序，恢复农业经营，尤其是提高粮食产量保障粮食安全，国家开始控制农民工外出规模，限制盲目流动。1989 年 3 月，国务院发布《关于严格控制民工外出的紧急通知》，同年 4 月，针对四川等农村劳动力外出数量较多的五个省份，民政部和公安部发布了《关于进一步做好控制民工盲目外流的通知》，要求政府采取措施限制农民工离乡去外地务工。1990 年 4 月，国务院发布《关于做好劳动就业工作的通知》，要求各地对农民进城务工实行有效控制、严格管理，并提出要对农民工建立临时务工许可证和就业登记制度，对来自农村的计划外用工要进行清退。1991 年，国务院发布了《关于劝阻民工盲目去广东的通知》，民政部发布了《关于进一步做好劝阻劝返外流灾民工作的通知》，这无疑为农民工在城市就业增加了难度，提高了门槛。经过多方的共同努力，加上政策收缩，农村劳动力盲目外流的趋势得到了缓解。

1992 年，邓小平“南方谈话”使我国的改革开放迈上了一个新台阶，党的十四大召开确立了社会主义市场经济体制的改革目标。经济体制改革的深入为城市的发展注入了新的活力，尤其是东南沿海地区以及一些大城市，经济多元化快速发展，市场的劳动力需求快速增加，就业压力下降，为农村劳动力进城务工创造了客观条件。而与此同时，广大农村地区却发展缓慢，农业收益持续下滑，农民负担过重，外出寻找出路的主观意愿日益强烈。市场经济的发展离不开正常的劳动力流动，城市管制体制改革已迫在眉睫。

但在此时，城市的经济体制改革已全面展开，相应的国有企业改革出现了大量下岗失业工人，加上亚洲金融危机的影响，进一步加剧了城市的就业压力。如何提振经济、减少城市失业成为需要解决的首要问题。一方面，经济的发展需要正常人口流动；另一方面，农村劳动力盲目外流会增加城市压力，且不利于第一产业发展。在此背景下，政策的重心在于引导农民有序流动和进城。1993 年，十四届三中全会通过了《中共中央关于建立社会主义市场经济体制若干问题的决定》。同年，劳动力颁布了《农村劳动力跨地区流动有序化——“城乡协调就业计划”第一期工程》和《关于建立社会主义市场经济体制时期劳动体制改革总体设想》，为农民的有序流动提供了政策支持，有效改善了城乡分隔的局面。1994 年，劳动部出台了《农村劳动力跨省流动就业暂行规定》，第二年国务院转发了《关于加强流动人口就业证和暂住证制度》，进一步提出要对进城农民的数量进行限制，对其在城市的就业和生活进行规范化管理。1997 年，国务院转发了《关于进一步做好组织民工有序流动工作的意见》，要求各地统筹规划城乡劳动力就业，引导农民工按需流动。一系列政策的实施对农村外出劳动力的管理逐渐规范化，也在一定程度上缓解了城市的压力，但农民工的规模依然在不断壮大。同时，这也推动了户籍制度改革的进程。

综上所述，这个阶段的农村劳动力更倾向于跨区域的流动，以外出务工为主，而在本地务农或产业转移的人数逐渐下降。此时政府政策的重心是以城市为主，优先保障城市居民就业，对农村劳动力进城的限制较多，而且可从事的职业往往是一些边缘化行业，多为当地居民不愿意做的脏、累、差的工作。

3. 从公平就业到权益保护（2001～2011 年）

进入 21 世纪以来，随着执政理念的改革，工业化、城镇化的持续深入，我国的社会经济环境发生了翻天覆地的变化。一方面，市场化机制在社会、经济各领域全面发挥作用，市场经济的主导作用逐渐确立，大大提升了城市的经济活力；另一方面，加入世贸组织（WTO）使我国的产品贸易全面走上了国际舞台，质优价廉的国内产品在国际市场备受欢迎，需求量增加使工厂的生产压力增大，对劳动力的需求进一步增加。市场化和全球化的共同推进，为农村劳动力参与市场经济建设提供了良好的平台，为农民工向城市流动创造了客观条件。此时的农民工已不再是被处处限制的“盲流”，而转变成为促进我国工业化和城镇化发展的一股重要力量。

虽然农民工的重要性日益显现，但由于各种客观条件的限制，这一群体在城市的生活状况却不尽如人意。尽管有些城市意识到了自身的发展离不开农民工的贡献，想方设法为其改善就业和居住条件。但也有许多外来人口过度集中的城市，为了缓解自己的承载压力而排斥农民工群体，限制他们的就业选择。自身权益无法得到保障，经常受到歧视，使农民工成为生活在城市的“边缘人”。

时代在变，农民工在我国社会经济发展中的作用和地位也在悄然变化。为了更好地维护农民工群体的利益，国家及时出台了一系列扶持措施和法规。2003 年初，国务院发布了《关于做好农民进城务工就业管理和服务工作的通知》，要求对进城务工的农村劳动力的合法权益进行保护，取消不合理的就业限制和不合理收费，不得拖欠克扣农民工工资等。同年 8 月，《城市生活无着的流浪乞讨人员救助管理办法》开始实施，要求不得对农民工随意拘留审查，不得强制收容和遣送。同年 9 月，国务院转发了《关于进一步做好进城务工就业农民子女义务教育工作的意见》和《2003～2010 年全国农民工培训规划》，就进城农民工的子女教育问题和农民工技能培训问题做出了部署。2004 年的中央一号文件《中共中央国务院关于促进农民增加收入若干政策的意见》，首次明确农民工是“产业工人的重要组成部分”，并要求维护农民工的就业权益和改善农民工的就业环境。2006 年国务院颁发了《关于解决农民工问题的若干意见》，关于农民工工资、劳动管理、技能培训、社会保障、权益保障机制等问题提出了系统的整改措施。2007 年，为了推进城乡统筹发展综合改革，国家选取成都、重庆开展试点工作。此外，一些地方也在尝试推进户籍制度、公共服务体系改革，为农民工融入城市提供支持。2008 年，十七届三中全会通过《中共中央关于推进农村改革发展若干重大问题的决定》，要求逐步实现农民工劳动报酬、子女教育、住房等与城镇居民享有同等的权利。2010 年，中央一号文件《中共中央国务院关于加大统筹城乡发展力度进一步夯实农业农村发展基础的若干意见》以及住建部等七部门联合发布《关于加快发展公共租赁住房的指导意见》，8 月卫生部发布《关于开展农民工健康关爱工程项目试点工作的通知》，10 月国务院下发《关于开展国家教育体制改革试点的通知》，这一系列政策在一定程度上缓解了农民工在城镇的住房、医疗健康、子女教育等压力。2011 年 7 月开始实施的《中华人民共和国社会保险法》，明确规定农民工可以依法参加各种社会保险，使农民工在城市的各项权益有了法律保障。

4. 从“市民化”到双向融合（2012 年至今）

21 世纪的前十年是中国城镇化进程快速推进的关键十年，同时也带来了城乡格局的重大改变。到 2011 年底，我国的城镇人口首次超过了农村人口，这意味着我国开始正式迈入了城市社会。城市社会不仅蕴涵着强大的创造力，同时矛盾也更加突出，更为纷繁复杂。虽然经过各方的共同努力，农村劳动力在城市的社会经济地位有了明显提升，但是其作为弱势群体的本质并未发生根本性改变，在城市的生存依然面临着诸多困难，自身合法权益往往得不到有效的维护。

2012 年，党的十八大提出了 2020 年全面建成小康社会的奋斗目标，同时要求：“加快改革户籍制度，有序推进农业转移人口市民化，努力实现城镇基本公共服务常住人口全覆盖。”同年 12 月召开的中央经济工作会议明确了推进城镇化的历史意义，同时要求有序推进农业转移人口市民化工作。2013 年 3 月《政府工作报告》以及 2014 年 9 月国务院出台《关于进一步做好为农民工服务工作的意见》，进一步强调了要推动农业转移人口市民化的配套制度改革，逐步实现城镇常住人口能够享受同等的基本公共服务。

2015 年国务院发布《国务院办公厅关于支持农民工等人员返乡创业的意见》和《关于推进农村一二三产业融合发展的指导意见》，2016 年国务院发布了《关于全面治理拖欠农民工工资问题的意见》《关于支持返乡下乡人员创业创新促进农村一二三产业融合发展的意见》等政策，进一步为保障农民工权益提供了政策支持，同时支持鼓励农民工返乡创业。2020 年 5 月开始实施的《保障农民工工资支付条例》是我国第一部保障农民工工资权益的专门性法规，对农民工工资支付规范、政府责任以及欠薪惩戒等提出了明确标准。

与此同时，为了加快全面建成小康社会的进程，实现农村全面脱贫目标，开展新农村建设和美丽乡村建设，2017 年 10 月，党的十九大召开，对新时代的“三农”问题做出重要的政策调整，以加快推进乡村振兴战略。习近平总书记在党的十九大报告中指出：“保持土地承包关系稳定并长久不变，第二轮土地承包到期后再延长三十年。”这一政策的安排使农民的土地关系更为稳定，土地权益更有保障。2018 年中央一号文件《乡村振兴战略规划（2018 ~ 2022 年）》对乡村振兴战略各项工作的开展做出了全面部署，要求各地尽快落实政策，促进农村的产业振兴、人才振兴、文化振兴、生态振兴、组织振兴。针对农业农村问题一系列政策的快速推进，力度之大，涉及面之广，在改革开放以来是非常罕见的，这也是国家城镇化发展中的一个重要转折。为农民的就地发展、农民工返乡就业创业打下了坚实基础，甚至会吸引一部分有意向到农村发展的城镇人口向农村流动。可以预见，当前劳动力从农村到城市的单向流动格局会发生扭转，城乡要素的双向流动、双向融合会成为城乡格局的未来发展趋势，所谓“逆城市化”也将不断出现。

通过对近几十年来关于农民工政策的演变历程进行梳理，不难发现：第一，农民工是在特定的历史背景下出现的，在特定的时期慢慢发展壮大。改革开放后，工业化、城镇化进程的推进，为农民工群体的出现提供了客观条件。在初期，农民工的经营场所仍以农村为主，主要是在完成农业生产的基础上从事其他诸如建筑、经商等活动。即使离家进城，也主要是流向离家较近的集镇或小城镇。20 世纪 90 年代以后，随着城乡劳动力供求失衡，农民工进城才成为主流，但仍以城乡之间的“候鸟式”迁徙为主。进入 21 世纪以后，越来越多的农民工开始向“市民化”转变，对于新生代农民工来说更是如此。第二，农民工是城乡分隔的产物。在二元社会结构下，特殊的“户籍制度”使城镇居民和农村居民有了不同的身份界定，即使农民进城务工，这个烙印仍然难以消除。因此可以说，这一群体是由我国当时的特殊国情造成的。第三，随着时代的进步，农民工也一直在自我发展、自我完善。在市场经济条件下，“三农”问题日益突出，农业、农村与农民的发展也受到很多局限。要改善这种局面，除了党和国家的一系列政策支持外，同时还需要农民自身不断优化，提升自身的就业竞争力，提高综合素质。加上党和国家提供的外部政策保障，这样才能在城市里站稳脚跟。

在当前的背景条件下，庞大的农民工群体已经成为社会稳定、经济发展的重要因素。由于长期以来形成的城乡制度惯性以及多维的利益主体，意味着解决我国的农民工问题会需要一个较长的周期，而农民工政策也将随着不同的历史进程而不断地发展与完善。

（四）农民工的历史贡献

改革开放40余年，中国的社会经济发展取得了举世瞩目的成就。在世界历史上，我国工业化、城镇化进程的规模和速度首屈一指。在这份亮眼的成绩单上，农民工做出的贡献不可小觑。总体来看，主要集中在以下几个方面。

（1）提高了农村收入水平。农村的传统收入来源主要是农业，根据人社部的数据，当农民工发展起来以后，大量的农村劳动力外出带来的务工收入不断由城市流向农村，这一群体的外出务工收入超过了农村居民人均收入的一半。农民工的工资性收入对农民平均收入增长的贡献最大，年均贡献率达到了78%[①]，极大地提高了农村居民的消费能力，改善了农民的居住和生活条件，成为农民增收最强劲的助推器，同时也是全面打赢脱贫攻坚战的有力保证。

（2）缓解了人地矛盾。农民工的迁移直接表现为农村劳动人口的减少，在农村耕地数量有限、就业容量较小的情况下，极为有效地缓解了人地矛盾和就业压力，为农村耕地的集中和流转创造了条件，使宝贵的农地资源得到合理的开发，提高使用效率，有利于促进我国农业生产的规模化，促进我国的产业结构转型升级。

（3）加快了城市的发展速度。农民工一个显著的特点是其规模庞大，劳

① 数据来源：如何认识农民工的历史贡献及发展潜力［N］，四川日报，2018－12－07. http：//www. qstheory. cn/zhuanqu/bkjx/2018－12/07/c_1123821141. htm。

动力成本低，是制造业、建筑业和物流餐饮等服务业的主要生产力量。到2018年，建筑业、制造业和一般服务业的农民工比重分别为81.8%、73.6%和67.4%（杨志明，2018）。低廉的劳动力成本使我国的制造业和建筑业在国际上拥有较强的比较优势，作为产业工人的主力军，农民工功不可没。而且，农民工普遍较为年轻，平均受教育程度要高于农村留守人口，对新的劳动技能和非农产业有着较强的接受能力。为我国工业化进程的快速推进做出了不可磨灭的贡献。

（4）促进了我国城镇化水平的突破性提升。改革开放40余年，我国城镇化率超过了60%，在较短的时期内取得如此快速的发展，离不开农民工群体的突出贡献。随着规模的扩大，农民工不仅发展成为城市建设的生力军，且也为各类消费性服务业的发展补充了人力资源，为城市的发展注入了活力。几十年来，农民工不仅是城市发展的参与者和见证者，也是促进我国城镇化水平快速提升的实际贡献者。同时，随着新型城镇化战略的开展，农民工对城市发展的参与度进一步提升，进城农民工，尤其是新生代农民工的“市民化”程度也在日益提升。

（五）农民工群体的流动特征

近些年来，农民工的规模持续扩张，流动的区域跨度日益扩大，流动周期不断拉长，流动的形式也越来越多样化。因此，除了流动性强这一基本特征之外，随着时代的发展和变迁也逐渐衍生出一些新的特点。

1. 文化水平明显提升，新生代农民工日渐崛起

表3-5为农民工的文化水平构成情况。数据表明，农民工的受教育水平在不断提升，意味着农民工的教育人力资本在逐渐增加，这有利于提升该群体的劳动竞争力，增加就业机会。

自20世纪80年代大量农民工进城以来，这一特殊群体也在悄然进行着代际的转换。经过几十年的发展，“一代”农民工到“二代”农民工（也称为“新生代”农民工）之间的代际转换已经进行到了后期。“二代”农民工多出生于20世纪80年代以后，其显著特征是多数受过中等以上教育，学习

和运用新技能的能力提升，在城市从事非农产业，却依然保留着农村户籍。与第一代农民工在进城务工与返乡务农之间的“候鸟式”迁徙不同，新生代农民工则更多地渴望能够融入城市，在城市就业、生活，寻找更多的发展空间。如图 3－1 所示，新生代农民工占农民工总量的比重逐年提高，到 2017 年，新生代农民工的数量首次超过了一代农民工，成为新时期产业工人的主力。

表 3－5　　农民工的文化程度构成　　单位：%

年份	2013	2014	2015	2016	2017	2018	2019	2020
未上过学	1.2	15.4	60.6	16.1	6.7	1.2	15.4	60.6
小学	1.1	14.8	60.3	16.5	7.3	1.1	14.8	60.3
初中	1.1	14.0	59.7	16.9	8.3	1.1	14.0	59.7
高中	1.0	13.2	59.4	17.0	9.4	1.0	13.2	59.4
大专及以上	1.0	13.0	58.6	17.1	10.3	1.0	13.0	58.6

数据来源：2013～2020 年《全国农民工监测调查报告》。

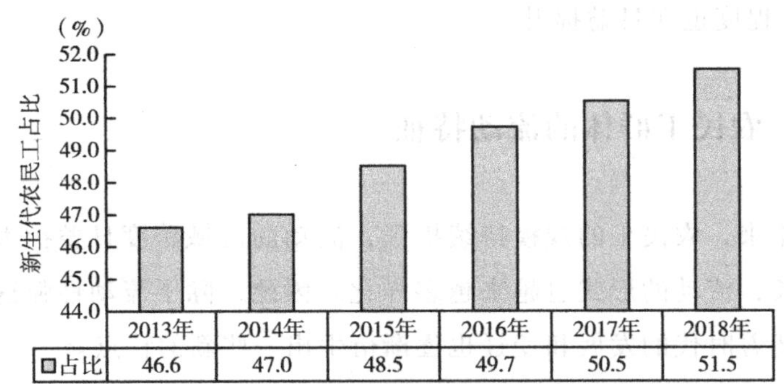

图 3－1　新生代农民工占农民工总量的比重

数据来源：2013～2018 年《全国农民工监测调查报告》。

2. 向发达地区流入与返乡回流并存

长期以来，由于有着区位优势和资源优势，东部地区和大城市一直是农民工的主要输入地。尽管时代和环境在不断变化，农民工跨省、跨区域流动的比重不断下滑，但这种格局始终未发生根本性的转变。进入 21 世纪以来，随着国家的发展战略的调整，产业结构优化升级，区域经济发展布局调整，对农民工的流动决策产生了很大的影响。中部崛起、西部大开发，以及东南沿海的产业转移，为中西部地区的经济发展提供了更多的资源支撑，也为劳动力提供了更多的就业机会和发展空间。在良好的社会经济环境和政策支持下，欠发达地区的外出务工人员返乡就业、择机创业的数量日益增加。

3. 就业层次低下，第三产业就业比重增加

受文化水平低、劳动技能低等因素的限制，农民工在城镇就业的选择范围较窄，多集中于制造业、建筑业，以及餐饮、物流等一般服务行业。随着城市化发展速度的加快，产业结构也在不断升级调整，对农民工的受教育程度、职业培训等提出了更高的要求。为了适应新时期的要求，农民工尤其是新生代农民工的综合素质有了质的提高。农民工的就业方式、工作性质也在悄然改变。虽然目前来看，农民工的就业范围仍然以制造业和建筑业为主，但同时越来越多的农民工也在向批发零售、餐饮等第三产业流动（见表 3 -6）。

表 3 -6　农民工的主要从业行业分布　单位：%

从业行业 年份	2008	2009	2010	2011	2012	2013	2014	2015	2016	2017	2018	2019	2020
制造业	37.2	36.1	36.7	36.0	35.7	31.4	31.3	31.1	30.5	29.9	27.9	27.4	27.3
建筑业	13.8	15.2	16.1	17.7	18.4	22.2	22.3	21.1	19.7	18.9	18.6	18.7	18.3
交通运输、仓储和邮政业	6.4	6.8	6.0	6.6	6.6	6.3	6.5	6.4	6.4	6.6	6.6	6.9	6.9
批发零售业	9.0	10.0	10.0	10.1	9.8	11.3	11.4	11.9	12.3	12.3	12.1	12.0	12.2
住宿餐饮业	5.5	6.0	6.0	5.3	5.2	5.9	6.0	5.8	5.9	6.2	6.7	6.9	6.5
居民和其他服务业	12.2	12.7	12.7	12.2	12.2	10.6	10.2	10.6	11.1	11.3	12.2	12.3	12.4

数据来源：2010 ~2020 年《全国农民工监测调查报告》。

4. 家庭集体转移增加，留城诉求提升

随着经济社会环境的变化，农村劳动力外出务工经商的目的也趋于多样化。农民工外出的最初目标多以赚钱增加经济收入为主，随着物质生活的满

足，农民工在获取经济收入的同时，对生活质量也有了更多的要求。家庭团聚、住房、子女教育、生活水平的提高等也是农民工外出务工要考虑的重要因素。受“男主外、女主内”的传统观念的影响，以往的农民工以男性为主。随着时代和观念的转变，农村外出务工劳动力的结构也发生了重要变化。夫妻共同外出务工，甚至携子女共同外出的“家庭化”流动趋势日益明显。离农生活、举家向城镇迁移的农民工比例逐年上涨。从最初的以单纯就业为主，向就业和定居并重的趋势转变。这种流动特征的转变有利于进一步推动我国的城镇化进程，有利于促进农民工市民化发展，但同时也为保障农民工尽快融入城市提出了更高的要求。

5. 经济收入提高，但总体较低且群体差异明显

随着经济水平的提高，农民工群体的工资水平也在加速增长，务工收入成为农民收入的重要来源。但是由于区域之间以及不同行业之间的发展差异，沿海城市以及大中城市的农民工收入水平普遍较高，而中西部地区则相对较低；从事交通运输业、建筑业等行业的农民工收入水平较高，而农民工聚集较多的制造业以及餐饮等服务业的平均收入水平则较低，具体如表 3－7 所示。不同地区的农民工之间的工资差异较为明显。但是随着中西部经济发展速度的加快，中西部地区的农民工的收入增长速度要高于东部沿海等发达地区，区域之间的收入差距也在逐渐缩小，具体如表 3－8 所示。

表 3－7　　分行业农民工月均收入　　单位：元

年份	2011	2012	2013	2014	2015	2016	2017	2018	2019	2020
制造业	1920	2130	2537	2832	2970	3222	3444	3732	3958	4096
建筑业	2382	2654	2965	3292	3508	3687	3918	4209	4567	4699
交通运输、仓储和邮政业	2485	2735	3133	3301	3553	3775	4048	4345	4667	4814
批发零售业	2024	—	2432	2554	2716	2839	3048	3263	3472	3532
住宿餐饮业	1807	2100	2366	2566	2723	2872	3019	3148	3289	3358
居民和其他服务业	1826	2058	2297	2532	2686	2851	3022	3202	3337	3387

数据来源：2011～2020 年《全国农民工监测调查报告》。

表 3-8　　在不同地区务工的农民工月均收入　　单位：元

年份	2011	2012	2013	2014	2015	2016	2017	2018	2019	2020
东部地区	2053	2286	2693	2966	3216	3454	3677	3955	4222	4351
中部地区	2006	2257	2538	2761	2908	3132	3331	3568	3794	3866
西部地区	1990	2226	2551	1797	2964	3117	3350	3522	3723	3808

数据来源：2011～2020 年《全国农民工监测调查报告》。

二、中国农民工的健康问题分析

人口健康问题已经成为中国全面建设小康社会所面临的重大挑战之一，提高农民工群体的健康素养具有非常深远的社会意义。农民工的健康水平不仅关系到自身的工作和生活的正常运转，也会对输入地城市人口的健康产生影响，尤其是传染性疾病的传播，会对整个社会的健康安全造成严重的威胁，对输入地城市的公共卫生服务也提出了更高的要求。为了更好地推进"健康中国"战略，不仅需要以全面的医疗体制改革为依托，为促进农民工群体的健康水平提供制度保障，还需要提高农民工的健康认知水平，全面提升群体的健康素养。

由于户籍制度的限制，在外出务工以后，农民工很难享受到城市提供的公共卫生等各种公共服务，无法加入流入地城市的医疗保障制度和医疗救助体系，这无疑会降低农民工在外就医的医疗服务可及性，增加医疗负担。对于输入地政府来说也面临一个"两难"的选择。一方面，如果为农民工提供医疗保障等公共服务将会消耗巨大的财政资金，对政府财政造成较大的压力；另一方面，庞大的农民工群体更容易面临健康威胁，若无法享受输入城市当地平等的公共服务，则可能给整个城市带来严重的公共卫生危机。这对政府来说是一个严峻的挑战，各地也在想方设法解决这一难题。

（一）农民工的主要健康问题

社会对于农民工群体健康问题的关注，分为生理健康和心理健康两个维度，主要集中在以下四个方面。

第一，传染病问题。农民工的最大特征是流动性强，作为弱势群体的农民工，一旦成为传染源，不仅会给自己和家庭带来严重的影响，也会对周围人的健康造成严重的威胁。这个问题在“非典”时期以及最近的新冠肺炎疫情流行时期已经引起了社会的广泛关注。由于工作和生活环境不同，农民工和城市常住人口的疾病类型也有差异。对于城市常住人口来说，随着中国的人口老龄化的发展，其健康问题多呈现为以慢性病等为主的非传染性疾病，而农民工群体多表现为传染性疾病和感染性疾病，如呼吸道疾病、寄生虫、肠道传染病等。做好农民工群体的传染病防治工作也是目前中国公共卫生部门的主要任务。

第二，职业病和工伤问题。在城市里，农民工群体的就业层次较低，有的企业为了缩减生产成本，对工作环境和生产安全的保障力度不足，对政府要求的安全规定落实不到位，加上农民工自身的健康意识不足、防护知识缺乏等原因，很容易遭受职业病和工伤事故的困扰，如尘肺、建筑或机械事故等造成的身体损伤甚至死亡等。此外，作为在城市工作生活的“边缘人”，农民工群体很难享受到城市的医疗和工伤保险等应有的制度保障，一旦受到了职业病和工伤的困扰，往往难以得到及时有效的治疗和救助。尽管目前一直在强调要做好职业病和工伤的预防工作，尽力将可能出现危险和身体伤害的风险降到最低，但由于涉及面广，不同利益主体之间的关系繁杂，仅靠公共卫生部门无法从根本上解决这个问题，需要多部门的共同协作。

第三，孕产妇的健康问题。由于居住环境与生活条件较差，加上相关手续如居住证、准生证等条件的限制，往往导致农村外出的孕产妇在怀孕和生产过程中无法得到完善的保障。除此之外，加上部分孕产妇自身体质较弱，健康知识不足，对怀孕生产或流产等行为缺乏足够的重视和科学管理，使得外来孕产妇死亡率要远远高于城市本地人口。

第四，心理健康问题。随着社会经济水平的发展，人们的健康需求也在不断提升，对健康的内涵和外延也有了更全面的认识。根据世界卫生组织（WHO）的阐释，健康不仅是指一个人身体是否呈现疾病或虚弱状态，而应该是生理、心理和社会状态完好的综合体现，这是目前关于健康较为权威和完整的界定。其中，生理健康与心理健康相辅相成，心理健康问题会在不同程度上导致各种生理健康问题。健康状况的好坏不仅对农民工的个人和家庭至关重要，还对整个宏观经济的发展产生直接的影响。与生理健康不同，人们对心理健康这一隐性人力资本的认知还较为片面。作为一个弱势群体，农民工的心理健康问题通常更容易被人忽视。由于较强的流动性、户籍制度分隔以及社会融合程度低等因素，使农民工与城镇本地人口的社会经济地位悬殊，缺乏归属感，加之职业类型、工作和居住环境、生活压力等的差异，导致农民工的生活理念容易出现偏差，容易出现焦虑抑郁等心理问题，幸福感较低。与生理健康状态的客观性和可观测性不同，由于这些心理健康障碍具有较强的隐蔽性，往往更容易被忽视，亦缺乏足够的社会支持。

需要注意的是，当前农民工群体的健康状况已经引起了社会的广泛关注，但农民工群体自身对健康风险的认知和意识还是非常有限的。由于较强的流动性和对居留时间的预期，他们往往缺乏参加当地居民或企业医保的动力。加上收入的局限性，对于自身的健康和安全投资也严重不足。通过透支健康来换取当前的收益，这会给农民工群体的长期健康带来不利的影响。

（二）农民工健康问题的主要诱因

农民工的健康问题之所以如此突出，很重要的一个原因在于农民工与城市常住人口之间的群体差异和不平等。

（1）就业层次和工作环境差异。根据国家统计局发布的2020年农民工监测调查报告显示，2020年中国的农民工总量高达28560万人，其中约86.1%分布在制造业、建筑业、批发和零售业、交通运输仓储邮政业、住宿和餐饮业以及居民修理和其他服务业等6个行业中。其中，近一半农民工集中在建筑业和制造业两个行业。这些数据表明，农民工多在一些脏、累、差的行业聚集。如建筑业，工人冒着高寒酷暑进行作业是家常便饭，此外还要忍受局部的噪音、灰尘的干扰以及高空作业的危险。在农民工所占比例最高的制造业，很多人所处的生产车间环境狭小，空气不流通，污染严重，比建筑业有过之而无不及。如果存在化学物品等有毒有害物质，很容易给工人造成身体损害，甚至生命威胁。

对于农民工而言，在健康的影响因素中，工作环境对健康的影响最为直接、最为明显。这是由于农民工的劳动时间普遍较长，且生活方式较为单一造成的。此外，在不同的工作环境中，劳动力的心理和生理承受能力也会存在差异，即使完成的工作量相同，较差的工作环境也变相提高了劳动力的工作强度（歆远，2016）。

随着经济的发展农民工的工资一直在不断提升，甚至有些行业的工资远远超过了大学生的工资水平，这种现象引起了不少人的议论。而农民工的所谓“高工资”，其实在很大程度上是通过对健康的透支来换取的，会对身体的长期健康造成长期无法逆转的影响。

（2）权益保障的可及性差。工作环境的差异对健康差异的影响往往是显而易见的。除此之外，农民工和各项权益无法得到有效保障，被城市的各种制度排斥在外，这些隐性的不平等，对农民工的健康影响更为深远。具体来看，主要表现以下几个方面。

第一，劳动时间安排不合理，无法切实享受应有的休息休假权。长期劳动时间过长，以及昼夜颠倒的作息，会对劳动力的身体机能产生严重的负面影响，危害劳动力的身心健康。虽然我国《劳动法》明确规定了劳动者每日的劳动时间不应超过 8 个小时，平均每周劳动时间不超过 44 小时，但对于农民工来说，享受这一劳动制度无疑是一种奢望。据农民工监测调查报告显示，长期以来农民工每周平均工作时间超过 44 小时的比例始终居高不下，甚至超过了九成。

第二，职业病和工伤事故维权难度大。如前所述，农民工是职业病及工伤事故的多发群体。长期的过度劳动、恶劣的劳动环境，也增加了农民工职业病和工伤事故的发生概率。从全国看，近年来职业病呈现高发态势，目前国内 8 亿多就业人口中，接触职业危害的劳动者已达 2.2 亿，其中进城务工农民占总发病人数的 80% 以上（王君平，2015），是职业病的高发群体。然而，由于农民工的流动性强，劳动关系不固定，加上职业病发病的隐匿性和滞后性，使农民工发病后取证困难，维权之路困难重重。例如，《职业病防治法》规定，申请职业病诊断鉴定的劳动者需要提供劳动关系及职业病危害接触史的相关证明，如果用人单位拒绝提供相关资料证明，劳动者很难进行维权。此外，《工伤保险条例》规定，如果劳动者需要进行工伤认定，则必须在进行职业病诊断后一年内进行，如果劳动者未能及时提出鉴定申请，则很有可能因为超过时限而无法受理。

第三，医疗保险存在保障门槛。农民工的健康风险远远高于其他群体，在这种情况下，有效的医疗保障对于农民工的健康维持尤为重要，当健康遭受损害时，能够起到“亡羊补牢”的效果。但在现实生活中，这道健康保障防线起到的作用是非常有限的。一方面，农民工所拥有的医疗保险保障层次较低，当出现健康问题时可能无法满足自身需求；另一方面，除了保障水平较低之外，农民工参加医疗保险的积极性也有待提高，而且农民工在家乡本地参加的“新农合”或者城乡居民基本医疗保险在异地就医时也存在着一定的限制。尽管目前跨地区的医保结算平台已经建立，然而多数地区仍存在结算系统差错频繁、报销手续烦琐等问题，不利于患者异地就医结算。

由此可见，农民工的健康问题受多种因素的影响。在这些因素中，工作环境与权益保障不公平的影响最为突出。较差的工作环境下，使劳动者的工作强度相对增加，劳动时间延长，进而增加了罹患职业病和工伤事故的风险，健康受到损害，依靠自身的力量却很难维权，加之医疗保障的力度有限，这些因素互相影响，层层推进，进一步恶化了农民工群体的健康水平。

（3）健康损害存在“连锁效应”。健康问题不仅关系到劳动者个人的身体机能，而且还关系到整个家庭正常运转。无论是从生理遗传角度来看，还是从社会关联角度来说，健康都是维持家庭关系和谐幸福的关键所在。对于农民工来说更是如此。外出务工劳动力通常都是家庭的“顶梁柱”，是家庭的重要经济来源，如果身体健康出现问题，会在一定程度上影响家庭的经济水平。如果罹患重病，甚至会中断全部的收入来源，对原本就不富裕的农民工家庭来说无异于雪上加霜。此外，加上农民工的保障制度存在短板，生病农民工的医疗救治、身体康复，甚至养老责任，最终都需要家庭的全面负担，这会给家庭的方方面面带来沉重的压力。家庭关系的变化，经济水平的下滑，对子女的教育和发展尤为不利。

除此之外，由此衍生的一系列社会问题更应该引起人们的重视。在中国，大部分农民工都属于离乡工作、返乡生活的流动模式。由于较强的流动性，一部分农民工的工作与家庭生活往往无法同步实现，农民工个人在输入地城市实现自身的劳动价值，子女培养和教育过程却是在农村进行的。对于农民工来说，与家人长期分离，无法享受到家庭的亲情与温暖，日常生活无法得到家人的照料，身在异乡很容易产生孤独感和疏离感。对于留守子女来说，在成长过程中无法享受到家长的有效陪伴，无法得到有效的家庭教育，陪伴缺失，对于未成长子女的成长极为不利。而且，对于处于心理成长期的留守儿童来说，这种消极的影响可能会是长期存在的，不可逆且很难弥补。因此，农民工及其子女的身心健康问题不容忽视。无论是为了维持当前劳动力的正常生产，还是为了促进劳动力的再生产，都应该更加全面地审视农民工的健康问题。

（三）农民工的健康管理及存在的问题

健康管理的概念最早起源于美国，20 世纪 20 年代末，大规模的经济危机在西方国家蔓延。此时，美国也面临着各种各样的挑战和威胁，经济危机的蔓延导致人们的生存环境严重恶化，慢性病患病群体不断扩大，加上人口老龄化问题日益突出。在重重压力之下，传统的卫生服务模式已无法应对这些新的挑战，快速增长的卫生服务需求给美国的经济发展和社会运行带来了沉重的负担。在这种背景下，美国的医疗卫生服务模式开始发生转变，由传统的以疾病为中心逐步过渡到以健康管理为中心。健康管理的思想最先在保险行业得到体现。20 世纪 60 ~ 70 年代，美国医疗保险行业通过对大量的样本进行观察，发现绝大部分的医疗费用都是由一小部分人花费掉的，而大部分的健康人群消耗的医疗资源只占很小的比例。对于保险行业来说，如果能够有效甄别那些潜在的医疗资源高消耗人群，并采用一些针对性的措施来减少其医疗消费是非常重要的。例如，运用健康管理技术筛选出潜在的高危投保人，通过合理的健康管理方式降低此类人群的患病风险，以达到减少医疗赔付的目的。有效的健康管理可以实现“多赢”：不仅能够提高个人的健康水平，降低个人的患病概率，也可以改善健康保险产品的形象，提升投保人的信任度，对于个人和保险公司都是有利的；从宏观层面来讲，健康管理还能够有效地降低医疗支出，减轻国家负担，使卫生资源能够得到更加充分合理的利用。

由此可见，健康管理是指对健康、亚健康、患病等人群的健康问题及健康危险因素进行监测、分析、预防、预测、评估和维护管理等提供健康咨询、指导及进行干预的全过程管理，目的是为有健康需求的对象提供针对性的科学健康信息，并为其创造相应条件、采取措施并改善健康服务，既为了提高个体健康意识进行积极健康管理，同时也为了改变组织（包括政府）行为，提高需求对象的健康质量（晏月平和郑依然，2019）。根据对象层次的差异，可以分为个人、家庭、社区以及社会等层面的健康管理。其共同的目的在于提高人们参与健康管理的积极性，整合有限的卫生资源，以最大限度地提高人们的健康水平。这与传统的以疾病治疗为核心的卫生服务理念是不同的。

在当前大力推进“健康中国”战略的大环境下，外出农民工对公共服务的可及性较差，健康需求难以得到满足。农民工的健康问题越来越突出，职业伤害、妇婴保健、老年人健康问题等发病率居高不下，健康需求日益多样化发展，对整个农民工群体的健康素质提升是非常不利的，对城市管理也造成了较大的压力，这已经成为社会关注的热点，也是健康管理的重要议题。健康管理的核心在于改变传统的以疾病治疗为核心的被动行为，引导人们主动进行健康管理，提升健康意识，降低疾病发病率，最终提高全人类的健康水平。这对于节约医疗成本、降低医疗费用、维持全人类的健康有着积极的意义。在中国的健康管理体系中，对于农民工群体的健康管理和服务尚处于起步阶段，还有很多待完善之处。

尽管有些地方政府已采取相应措施对农民工较为集中的区域进行管理，但其根本目的是防止大规模的农民工群体可能带来的公共健康危机，针对的是当地城市的公共健康问题，而不是为了更好地促进群体的健康管理和公共服务可及性。服务意识不足，缺乏以人为本的“人性化”管理策略，无法从根本上提升农民工群体的整体健康素质，也无法满足农民工群体的公共健康需求，不利于《“健康中国2030”纲要规划》所提出的“城乡居民健康素养水平持续提高，人人享有基本医疗卫生服务”的目标要求。除此之外，健康管理的人力、物力等资源投入不足，也是阻碍健康管理体系构建的重要因素。

（1）健康管理政策不到位。2017 年 2 月，国家卫计委发布了《“十三五”全国流动人口卫生计生服务管理规划》。规划提出，到 2020 年流动人口基本公共卫生计生服务的覆盖率要达到 90%。在中国的流动人口中，农民工的数量占据了绝对的主导地位。虽然确定了目标覆盖率，但对于流动人口的健康管理在政府管理目标中并未得到体现。由于缺乏对于流动人口群体的健康管理职责和目标约束，基层政府往往动力不足，高效率的健康管理很难实现。表3－9为《“健康中国2030”规划纲要》中涉及的与流动人口相关的几项主要健康指标，包括人均预期寿命、婴儿死亡率、孕产妇死亡率、居民健康素养水平①等。

表3－9　《“健康中国2030”规划纲要》相关建设指标

具体指标	2015年	2020年	2030年
人均预期寿命（岁）	76.3	77.3	79.0
婴儿死亡率（‰）	8.1	7.5	5.0
孕产妇死亡率（1/10）	20.1	18.0	12.0
居民健康素养水平（%）	10	20	30
重大慢性病过早死亡率（%）	19.3（2013）	比2015年降低10%	比2015年降低30%
个人卫生支出占卫生总费用（%）	29.3	28左右	25左右

资料来源：《“健康中国2030”规划纲要》。

根据当前的推进速度，实现2030年的战略目标具有很大的挑战。尤其是针对农民工这一特殊群体健康管理问题，需要加强多方协作，需要输入地城市各基层政府和组织的共同努力，制定具体的目标和任务，提升主动服务意识。

（2）健康素养水平较低，健康知识宣传不到位。据国家卫计委发布的《中国流动人口发展报告2017》显示，农民工群体接受健康教育的途径非常有限，主要通过“宣传栏”和“宣传资料”来获取健康知识。通过“当面咨询”“社区医生”“社区网站”等渠道接受健康教育的比重相对较少。由此可见，大部分农民工健康知识和健康意识的提升是非常被动的，多依赖于基层的宣传，健康知识的普及和获取途径需要进一步拓宽。对于“新生代”农民工来说，虽然现在正值年富力强的时期，但是他们的健康状况依然需要引起关注，健康知识的积累、健康意识的提升同样刻不容缓。事实上，年轻一代农民工在竞争激烈的社会中往往更容易产生精神压力，健康行为缺乏约束，生理和心理的健康意识匮乏等所导致的后果不容忽视。他们所面临的生活、子女养育与职业发展等压力往往容易导致精神和情感失衡，是心理健康

① 由美国学者Simonds于1974年首次提出，现已成为各国衡量全民健康的目标之一。公民健康素养主要包括三方面内容：基本知识和理念、健康生活方式与行为、基本技能。

问题的主要诱因。除此之外，老年农民工的身心健康问题同样值得关注。相对于年轻人来说，老年人对健康教育的关注度更低，对内容的理解能力也更有限。而且，对于老年农民工来说，生活和劳动空间的变换、缺乏精神慰藉等更容易带来身体和心理的不适，但是他们能得到的健康指导和心理咨询却很少，不利于身心健康发展。

（3）信息传递效率低下。城市对于农民工群体的管理主体涉及公安、民政、税务、卫生计生等部门，纷繁复杂的管理体系容易导致对外来农民工群体的健康管理无法形成有效的配合与协调，缺乏有效的信息沟通不仅会影响管理效果，造成资源浪费，而且还会带来不良的社会经济影响。

更好地维护农民工的健康，提高劳动力的健康素养和人力资本水平，是当前国家发展战略的要求。但是，就现阶段而言，国内的健康管理还处于初级阶段，尚未形成统一的模式，各部门的管理重点仍然在于疾病的治疗，与真正意义上的健康管理相去甚远。

三、本章小结

从农民工流动态势来看，几十年来农民工的数量持续增长，但是近年来增速有放缓的趋势。农民工主要流向东部地区，但随着时间的推移，东部地区对劳动力的吸引力呈现下降趋势，而中部地区和西部地区的人才吸引力则不断增强。此外，新生代农民工占农民工总量的比重逐年提高，到 2017 年，新生代农民工的数量首次超过了一代农民工，成为新时期产业工人的主力。从行业来看，虽然目前农民工的就业范围仍然以制造业和建筑业为主，但同时越来越多的农民工也在向批发零售、餐饮等第三产业流动。从农民工政策的演变来看，农民工是在特定的历史背景下出现并发展壮大的，是城乡分隔的产物，在中国的经济社会发展过程中做出了重要的贡献。但是，由于农民工的就业层次较低，加上工作环境恶劣以及权益保障不公平等因素的影响，增加了他们的健康风险。对于农民工的健康管理目标不明确、健康知识宣传不到位以及相关部门之间的配合协调不力等，则进一步加剧了他们的健康损耗。

| 第四章 |

健康对农村劳动力流动意愿的影响

——对“健康选择效应”的检验

一、问题的提出

2018年，中共中央、国务院印发的《乡村振兴战略规划（2018～2022年）》对乡村振兴战略各项工作的开展做出了全面部署，为农民的就地发展、农民工返乡就业创业创造了有利条件，甚至会吸引一部分有意向到农村发展的城镇人口向农村流动。对于农村劳动力来说，在政策的引导下，是选择外出流向城市，还是就地加入新农村建设队伍，是一个值得探讨的问题。

传统的观点认为，随着大量农村劳动力的外出，会导致农村出现“空心化”现象，而且长期的劳动力流出会逐渐降低农村社会发展的内在动力，长此以往可能会导致农村的凋敝衰落。实际上，从中国近年来的发展历程可以发现，农村劳动力流动是社会经济结构转型与体制共同作用的结果（陆益龙，2019）。也就是说，在当前的发展背景下，不应只看到农村劳动力流动迁移的消极影响，更应该看到其积极的一面。首先，从微观角度来看，农村劳动力流动是顺应社会变迁的一种合理选择；其次，从宏观角度来看，农村劳动力的流动实现了城乡之间、区域之间、农业与工业之间的要素传输和互相调和，是实现资源合理配置和有效利用的有效途径。综上所述，农村劳动力的向外输出不仅不会使乡村衰败没落，反而使乡村在新的时代背景下能够面临更多的机会，拥有更多的可能性。

同样，在实施乡村振兴战略的过程中，也需要明确农村劳动力流动的价值和意义。从表面来看，农村劳动力外出务工似乎不利于乡村的繁荣与发展。但换个角度来看，农村劳动力的乡城流动具有双重性。一方面，他们的工作和临时居住地在城镇，是城镇建设和发展的重要推动力量；另一方面，从户籍属性上来看他们仍是农村的社会成员，通过外出务工获得更多的劳动收益，能够提升家庭和农村整体的收入水平，对农村经济生产和社会建设的贡献不容忽视。在推进乡村振兴战略的过程中，国家和政府的政策支持虽然重要，但归根结底还要依靠“人”的力量。作为农村社会的主体，农村劳动力是实现乡村振兴的核心所在。而农村劳动力向外流动是其获得充分、均衡发展的重要途径，能够给乡村社会发展带来新的活力和机遇。因此，应该从积极的角度看待农村劳动力的流动和外出就业。乡村振兴并不意味着让农村劳动力留在农村，劳动力的充分就业和多样化发展才是问题的关键。结合当前的农村发展实际，促进农村劳动力的流动、保障其外出就业，是实现乡村振兴的一条必经的过渡性路径。

农村劳动力的流动意愿和流动决策是多种因素共同作用的结果。现有关于劳动力流动意愿和决策影响因素的研究多基于传统的“推—拉”理论展开，较多地考察了社会、经济、区域发展等因素的影响。而作为人力资本的重要来源，健康因素在其中的作用并无过多地涉及。此外，对于中国大量农村劳动力流动决策影响因素的实证研究多基于省市宏观面板数据，而基于个体和家庭等微观层面影响因素展开的探讨较少。因此，本章将基于健康视角，利用全国代表省区市的微观调查数据，系统探讨健康人力资本对农村劳动力流动意愿的影响。

二、数据与变量

（一）数据来源和样本筛选

本章将利用2013年中国家庭收入调查数据（CHIP）展开分析。该数据是在国家统计局的协助下由北京师范大学中国收入分配研究院联合国内外专家共同完成。其分为城镇住户调查、农村住户调查和外来务工人员调查三个数据库。该调查选取的地点包括北京、安徽、重庆、广东、河北、河南、湖北、甘肃等 15 个省区市，分别代表了我国的东部、中部和西部三个区域，涉及 18948 户家庭。该调查内容广泛，包括个人和家庭两个层面的信息，例如，个人性别、年龄、受教育程度、婚姻状况、家庭人口规模、家庭收支和资产情况等人口学、社会学变量。本章将选取其中的农村住户调查数据，根据传统的界定方法，将研究对象限定在 16 ~ 65 岁之间的非学生受访者。利用符合条件的受访者提供的个人及家庭等相关基本信息，最终选出了研究所需的全部样本共 15185 个。

（二）变量设置及其描述性分析

1. 变量设置

本章研究的被解释变量为农村劳动力的流动意愿，我们将调查时有外出从业意愿的农村劳动力定义为有流动意愿的劳动力，将无外出从业意愿的农村劳动力定义为无流动意愿的劳动力。

本章选取的核心自变量为健康水平，基于已有的研究和数据特点，选取自评健康作为受访者健康水平的衡量指标，虽然该指标的主观性较强，但在一定程度上能够对受访者的健康水平进行综合评价。为了进一步明确自评健康对农村劳动力流动意愿的因果效应，本章将自评健康分为两个维度进行考察：第一，五分类的自评健康水平，将自评健康的“非常好”“好”“一般”“不好”“非常不好”五个等级分别赋值 5 ~ 1。第二，二分类的自评健康水平。根据一般的经验理论，当受访者感知到的身体状态与其期望的健康状态一致时，即使没有超出受访个体的心理期望，但仍然达到了其基本要求，因此我们可以认为受访者对自己的健康状况评价为“一般”时，仍然达到了较好的状态。据此，我们也可以将样本的自评健康状况由上述五个维度调整为“好”和“差”两个状态。

除此之外，我们还控制了个体层面、家庭层面以及其他可能会影响农村劳动力流动意愿的变量。第一类是个人特征变量，主要包括年龄、性别、受教育程度以及婚姻状况。在保持其他变量不变的前提下，年龄越大，流动的意愿可能越弱，且不同年龄层的受访者流动意愿变化的速度可能存在差异。男性与女性外出的就业机会存在差异，且对于家庭的作用不同，因此需要控制性别变量。较高的受教育水平意味着更高的人力资本水平，有助于增强人们在城镇劳动力市场中的竞争力。不同的婚姻状态会影响劳动力的家庭责任，进而影响其流动意愿。第二类是家庭特征变量，主要包括家庭月人均收入、家庭负债总额、家庭在当地的相对生活水平、生活舒适度、耕地面积、兄弟姐妹数量等。传统的劳动力迁移理论认为，农村劳动力外出就业是为了寻求更高的劳动收入，改善家庭的生活水平和社会经济地位。因此，家庭人均收入水平、负债总额、相对生活水平、生活舒适度等经济社会变量可能是影响劳动力流动决策的主要因素。耕地面积、兄弟姐妹数量能够反映家庭对劳动力的需求强度。除此之外，以前的流动经历和医保参保情况也可能影响劳动力的流动意愿。如果之前有过外出务工经历，则劳动力对外出的工作和生活适应能力可能更强，在其他因素不变的条件下，相对于无流动经历的受访来说，其流动的意愿也可能更强。医保参保情况是指受访者拥有何种类型的医疗保险，对于农村劳动力来说，基本医疗保险异地报销手续繁杂、周期较长，可能会影响其在外地的医疗服务可及性，进而影响其流动决策。

被解释变量以及各类解释变量的具体界定如表 4－1 所示。

表 4－1　　变量定义

<table>
<tr><td colspan="3">Panel A：被解释变量</td></tr>
<tr><td colspan="2">流动意愿</td><td>根据问卷中“在 2014 年中，您是否打算外出从业?”的回答，将调查时有外出从业打算的农村劳动力定义为有流动意愿的劳动力，赋值为 1；将调查时不打算外出的农村劳动力定义为无流动意愿的劳动力，赋值为 0</td></tr>
<tr><td colspan="3">Panel B：解释变量</td></tr>
<tr><td rowspan="2">健康水平</td><td>五分类自评健康</td><td>针对受访者回答的当前自身健康状况进行判定，包括“非常好”“好”“一般”“不好”“非常不好”五个等级。其中，定义非常好 =5，好 =4，一般 =3，不好 =2，非常不好 =1</td></tr>
<tr><td>二分类自评健康</td><td>将上述五分类自评健康进行二分化处理，将“非常好”“好”“一般”设定为自评健康较好，赋值为 1，将其余两个选项“不好”“非常不好”设定为自评健康较差，赋值为 0</td></tr>
</table>

续表

<table>
<tr><td colspan="3">Panel B：解释变量</td></tr>
<tr><td rowspan="4">个人特征变量</td><td>年龄</td><td>为了研究不同年龄层受访者的流动意愿差异，我们将样本分为16～25岁、26～35岁、36～45岁、46～55岁、56～65岁五个年龄组</td></tr>
<tr><td>性别</td><td>若为男性则赋值为1，若为女性则赋值为0</td></tr>
<tr><td>受教育程度</td><td>包括未上过学、小学、初中、高中/职高/技校/中专、大学及以上五个维度</td></tr>
<tr><td>婚姻状况</td><td>包括未婚、在婚（包括初婚和再婚）、离异/丧偶三个维度</td></tr>
<tr><td rowspan="6">家庭特征变量</td><td>家庭月人均收入</td><td>单位：元；为了研究不同的收入水平对流动意愿的影响，我们将受访者分为低收入群体、中低收入群体、中高收入群体、高收入群体四类</td></tr>
<tr><td>家庭负债总额</td><td>单位：元</td></tr>
<tr><td>相对生活水平</td><td>根据对受访者有关生活水平的主观问题“您认为您家的生活水平比同村其他家庭的平均生活水平____”的回答进行判断，分为“高很多”“略高”“持平”“略低”以及“低很多”五个等级。其中，定义高很多=5，略高=4，持平=3，略低=2，低很多=1</td></tr>
<tr><td>生活舒适度</td><td>根据受访者对生活舒服程度的回答进行判断。若“生活非常舒适，并且有能力支付各种额外的消费支出”则定义为生活非常舒适，赋值为3；若“生活基本舒适，但没有能力支付多项额外的消费支出”则定义为生活基本舒适，赋值为2；若“生活不够舒适，并且没有能力支付一些基本的消费支出”则定义为生活不够舒适，赋值为1</td></tr>
<tr><td>耕地面积</td><td>单位：亩</td></tr>
<tr><td>兄弟姐妹数量</td><td>指除受访者之外的兄弟姐妹个数，分为无兄弟姐妹、一个、两个、三个及以上四类</td></tr>
<tr><td colspan="2">流动经历</td><td>根据受访者对问题“2012年或以前，是否外出从业过?”的回答，定义是=1，否=0</td></tr>
<tr><td colspan="2">医保参保情况</td><td>包括城镇职工基本医疗保险（简称“城职保”）、城镇居民基本医疗保险（简称“城居保”）、农村新型合作医疗保险（简称“新农合”）、商业医疗保险、其他医疗保险、无医疗保险六类</td></tr>
</table>

2. 样本的描述性分析

表4－2为不同群体受访者的控制变量的均值与标准差。其中，有流动意愿的农村劳动力所占的比例为29.15%，而无流动意愿的农村劳动力所占

的比例为70.55%。无论是采用二分类自评健康还是五分类自评健康的衡量标准，有流动意愿的农村劳动力健康水平都要高于无流动意愿的劳动力。而且，男性劳动力的流动意愿要强于女性。受访者的年龄特征表明，有流动意愿的受访者平均年龄约为33.26岁，而无流动意愿的受访者平均年龄约为43.31岁，两者约相差10岁，这意味着年轻的农村劳动力有更强的流动倾向。此外，样本的受教育水平较低。有流动意愿的劳动力受教育程度多集中于初中水平，略高于无流动意愿的劳动力。而且，单身受访者的流动倾向更高。有流动意愿的劳动力平均收入水平要低于无流动意愿的受访者，而家庭负债总额要高于无流动意愿的劳动力。从流动经历来看，有流动意愿的劳动力曾经外出从业的比例高达79.4%，而无流动意愿的劳动力这一比例仅为11.6%。此外，两类群体之间的相对生活水平、生活舒适度以及家庭耕地面积等变量的差别并不明显。

表4-2　　不同群体受访者的控制变量的均值与标准差

	全样本		有流动意愿的劳动力		无流动意愿的劳动力	
	均值	标准差	均值	标准差	均值	标准差
自评健康（二分类）	0.766	0.423	0.868	0.339	0.724	0.447
自评健康（五分类）	4.016	0.898	4.232	0.740	3.927	0.941
性别	0.522	0.500	0.657	0.475	0.467	0.499
年龄	40.380	13.705	33.259	11.280	43.311	13.540
受教育程度						
未上过学	0.056	0.229	0.015	0.122	0.072	0.259
小学	0.239	0.426	0.156	0.363	0.273	0.445
初中	0.484	0.500	0.560	0.496	0.453	0.498
高中/职高/技校/中专	0.157	0.364	0.176	0.381	0.149	0.356
大学及以上	0.064	0.245	0.093	0.290	0.053	0.223
婚姻状况						
未婚	0.185	0.388	0.313	0.464	0.132	0.338
在婚	0.786	0.410	0.666	0.472	0.836	0.370
离异/丧偶	0.029	0.167	0.020	0.141	0.032	0.177
家庭月人均收入	1075.434	882.800	1033.243	731.951	1092.796	937.336
家庭负债总额	15547.310	49071.170	16295.880	47877.450	15239.270	49552.950

续表

	全样本		有流动意愿的劳动力		无流动意愿的劳动力	
	均值	标准差	均值	标准差	均值	标准差
相对生活水平	2.905	0.758	2.945	0.753	2.889	0.759
生活舒适度	1.944	0.480	1.944	0.477	1.944	0.481
耕地面积	6.450	8.141	6.147	7.030	6.575	8.553
兄弟姐妹数量	2.578	1.765	2.116	1.557	2.768	1.809
流动经历	0.314	0.464	0.794	0.404	0.116	0.321
医保参保情况						
“城职保”	0.059	0.235	0.068	0.251	0.055	0.228
“城居保”	0.041	0.198	0.030	0.169	0.045	0.209
“新农合”	0.886	0.318	0.881	0.324	0.888	0.316
商业医保	0.012	0.107	0.011	0.106	0.012	0.108
其他医保	0.008	0.089	0.011	0.105	0.007	0.082
无医疗保险	0.015	0.122	0.020	0.139	0.013	0.115
观测值	15185	15185	4427	4427	10758	10758

三、模型设计

为了使估计结果更为稳健，我们尝试使用以下几种方法检验农村劳动力健康水平对流动意愿的因果效应。

（1）最小二乘法（OLS）。农村劳动力的流动意愿是二元变量，对于此类变量常用 Probit 等二元离散选择模型进行估计。但是 Ferrer - i - Carbonell 和 Frijters（2004）等一些学者指出，对于类似的心理测量指标，传统的 OLS 模型与离散选择模型估计得到的结果近似，但是 OLS 模型可以得出更精确的标准误，并且对于估计结果的计算和观察更为直观（可以直接得到边际效应）。因此，我们首先使用 OLS 模型进行估计，回归方程设定如下：

$$migrant_{ij}^{*} = \beta_0 + H'_{ij}\beta_1 + X'_{ij}\beta_2 + u_i \quad (4-1)$$

其中，i 表示个体，j 表示家庭，$migrant_{ij}$ 表示家庭 j 中个体 i 的流动意愿。H_{ij} 表示个体的健康状况，X_{ij} 表示个体特征变量和家庭特征变量，以及其他影响农村劳动力流动意愿的变量，如流动经历、医保参保情况等。u_i 为未观测到的扰动项，其中我们感兴趣的是 β_1，其符号和统计显著性决定了受访者的自评健康状况对其流动意愿的边际效应。

（2）Probit 模型。劳动力回流意愿是二元变量，根据相关研究惯例，我们使用 Probit 模型进行估计，其原理如下：

$$migrant_{ij}^* = \beta_0 + H_{ij}'\beta_1 + X_{ij}'\beta_2 + u_i \quad (4-2)$$

$$\begin{aligned} Pr(migrant_{ij} = 1 \mid H_{ij}, X_{ij}) &= Pr(migrant_{ij}^* > 0 \mid H_{ij}, X_{ij}) \\ &= Pr[u_i > -(\beta_0 + H_{ij}'\beta_1 + X_{ij}'\beta_2) \mid H_{ij}, X_{ij}] \\ &= 1 - G[-(\beta_0 + H_{ij}'\beta_1 + X_{ij}'\beta_2)] = G(\beta_0 + H_{ij}'\beta_1 + X_{ij}'\beta_2) \end{aligned} \quad (4-3)$$

残差的累积密度函数服从正态分布：

$$G(u_i) = \Phi(u_i) = \int_{-\infty}^{u_i} \varphi(v)dv \quad (4-4)$$

其中，φ 为标准正态分布的概率密度函数。在此假设下，我们使用极大似然法（MLE）来估计 β_1，并且用样本平均值计算健康状况对农村劳动力流动意愿的边际效应（marginal effect at the mean）。如果 β_1 显著且为正值，表明健康水平越高，农村劳动力的流动意愿越强烈。

（3）工具变量法（IV）。尽管 Probit 模型和 OLS 回归可以在一定程度上反映健康水平与流动意愿之间的内在联系，但是由于可能存在的内生性问题，导致直接的因果效应估计存在偏误。流动意愿与健康状况可能同时受到某些未观测到的因素影响，如年龄、性别、受教育程度、婚姻状况、收入水平等，因此健康水平 H_{ij} 可能是内生的。此外，反向因果关系也可能导致估计结果出现偏误。为了解决内生性问题，我们通过寻找工具变量的方法对方程进行估计。有效的工具变量应该同时满足相关性和外生性两个条件：与内生的解释变量高度相关，同时与随机扰动项不相关。基于此，我们选择各省区市的健康水平均值作为受访者个体自评健康的工具变量，地区自评健康均值是所有个体自评健康的综合反映，因此与个人健康水平高度相关，而且在保持其他条件不变的情况下，地区健康水平均值应该不会直接影响到受访者的流动意愿，我们选择的工具变量符合相关性和外生性两个标准。对变量内生性的 Hausman 检验表明，借助于工具变量对方程进行估计更为合理。基于工具变量法，原模型可以变换为以下形式：

$$\begin{cases} migrant_{ij} = \beta_0 + H'_{ij}\beta_1 + X'_{ij}\beta_2 + u_i \\ H_{ij} = \gamma_0 + avg\_H'\gamma_1 + X'_{ij}\gamma_2 + \nu_i \end{cases} \tag{4-5}$$

其中，avg_H 表示地区平均健康水平，尽管 OLS 在估计离散选择模型时也是有效的，但为了更切合被解释变量的二元性质，我们仍然采用 Probit 模型来进行估计。由于 Probit 模型是非线性模型，为了加入工具变量，我们使用了广义矩估计法（GMM）。与原模型类似，β_1 仍然是我们感兴趣的关键参数，代表了自评健康水平对农村劳动力流动意愿的影响，如果参数 β_1 显著且为正值，则与我们的预期是一致的。

四、实证结果与分析

（一）基准分析：自评健康对农村劳动力流动意愿的因果效应

表 4－4 和表 4－5 分别为不同方法之下基于二分类自评健康和五分类自评健康的边际效应。其中，第 3 列分别汇报了利用工具变量之后的两个阶段的边际效应（为了便于比较和分析，这里报告的 Probit 模型和 IV－Probit 模型的估计结果均为经过计算的各变量的边际效应。作为参考，其基本回归结果见表 4－3）。结果显示，无论是二分类的自评健康指标还是五分类的自评健康指标，三种方法的回归系数均显著为正值，这表明健康水平对受访者的流动意愿具有显著的正向效应。即健康水平越高，农村劳动力的流动意愿越强，这与我们前面的猜想是一致的。由于 OLS 模型和 Probit 模型可能存在内生性问题，因此我们下述分析均基于 IV－Probit 模型的估计结果展开。基于二分类自评健康的估计结果表明，与健康水平较差的受访者相比，健康状况较好的受访者的流动倾向约高出 50.5%。基于五分类自评健康的估计结果表明，受访者的健康水平每提高一个等级，其流动意愿就会提升 6.7%。健康水平对农村劳动力流动意愿的正向效应可能是由于以下原因造成的：第一，外出务工的农村劳动力多从事高强度的体力劳动，相对于身体健康状况较差的受访者，则健康状况较好的受访者对于高强度劳动的预期适应性更强。因

此，农村劳动力的身体健康状况越好，越倾向于外出务工，即流动意愿越强。第二，通常认为，教育和健康是人力资本的主要来源。对于农民工来说，由于受教育程度较低（国家人口计生委流动人口服务管理司，2010；翟振武等，2007），可以假设健康是保证他们在城镇找到工作的主要因素。所以，对于健康状况较好的农村劳动力来说，在城镇劳动力市场的竞争力相对更强，就业机会更多。因此，外出务工的倾向往往也更高。第三，外出农民工在输入地的社会保障覆盖面较窄。由于我国存在着明显的城乡分隔和区域分隔格局，那些跨区域流动的农民工很少能够参加输入地的社会保障。尽管当前医疗保险的异地报销机制已经建立，但由于手续烦琐、定点医疗机构较少、医疗成本较高以及对城镇医疗资源的可及性不足等原因，生病之后在输入地往往无法进行有效的就医治疗。因此，如果农村劳动力意识到自己可能存在着潜在的健康风险，则可能会降低其乡城流动意愿。

表 4-3　　　　基于不同分类自评健康的基本回归结果

变量	模型 1（二分类自评健康）			模型 2（五分类自评健康）		
	(1) Probit	(2) IV-Probit		(3) Probit	(4) IV-Probit	
		2nd stage	1st stage		2nd stage	1st stage
健康状况						
自评健康	0.204*** (0.079)	1.302* (0.687)	— —	0.067*** (0.018)	0.224* (0.126)	— —
性别	0.214*** (0.029)	0.200*** (0.030)	-0.000 (0.004)	0.212*** (0.029)	0.218*** (0.028)	0.039*** (0.014)
年龄组（以 16~25 岁为基准组）						
26~35 岁	-0.144*** (0.049)	-0.171*** (0.047)	-0.025*** (0.005)	-0.139*** (0.049)	-0.178*** (0.050)	-0.155*** (0.024)
36~45 岁	-0.435*** (0.055)	-0.466*** (0.053)	-0.037*** (0.007)	-0.425*** (0.055)	-0.494*** (0.059)	-0.263*** (0.027)
46~55 岁	-0.616*** (0.060)	-0.683*** (0.058)	-0.069*** (0.008)	-0.600*** (0.060)	-0.715*** (0.072)	-0.444*** (0.029)
56~65 岁	-0.972*** (0.072)	-1.062*** (0.070)	-0.103*** (0.009)	-0.947*** (0.073)	-1.114*** (0.093)	-0.676*** (0.032)

续表

变量	模型1（二分类自评健康）			模型2（五分类自评健康）		
	(1) Probit	(2) IV - Probit		(3) Probit	(4) IV - Probit	
		2nd stage	1st stage		2nd stage	1st stage
受教育程度（以未上过学为基准组）						
小学	0.076 (0.089)	0.168* (0.094)	0.064*** (0.015)	0.072 (0.089)	0.129 (0.090)	0.195*** (0.039)
初中	0.089 (0.088)	0.244** (0.107)	0.102*** (0.014)	0.082 (0.087)	0.190** (0.096)	0.345*** (0.038)
高中/职高/技校/中专	0.009 (0.093)	0.183 (0.118)	0.110*** (0.015)	0.000 (0.093)	0.125 (0.104)	0.392*** (0.041)
大学及以上	0.125 (0.100)	0.292** (0.119)	0.112*** (0.015)	0.115 (0.100)	0.248** (0.112)	0.441*** (0.045)
婚姻状况（以未婚为基准组）						
在婚	-0.325*** (0.048)	-0.265*** (0.060)	0.027*** (0.006)	-0.325*** (0.048)	-0.290*** (0.051)	0.089*** (0.025)
离异/丧偶	-0.346*** (0.101)	-0.351*** (0.100)	-0.018 (0.018)	-0.347*** (0.101)	-0.340*** (0.101)	-0.005 (0.051)
收入层次（以低收入群体为基准组）						
中低收入群体	-0.087** (0.040)	-0.078** (0.039)	0.003 (0.006)	-0.091** (0.040)	-0.066 (0.041)	0.041** (0.020)
高收入群体	-0.024 (0.042)	0.002 (0.043)	0.009 (0.006)	-0.029 (0.042)	0.006 (0.045)	0.073*** (0.021)
中高收入群体	-0.029 (0.042)	0.028 (0.048)	0.025*** (0.006)	-0.034 (0.042)	0.022 (0.048)	0.123*** (0.021)
家庭负债总额	0.000 (0.000)	-0.000 (0.000)	-0.000** (0.000)	0.000 (0.000)	-0.000 (0.000)	-0.000*** (0.000)
相对生活水平	0.025 (0.021)	0.067** (0.028)	0.029*** (0.003)	0.022 (0.021)	0.060** (0.027)	0.135*** (0.010)
生活舒适度	-0.028 (0.033)	0.024 (0.040)	0.034*** (0.005)	-0.035 (0.033)	0.022 (0.041)	0.197*** (0.016)
耕地面积	-0.002 (0.002)	-0.002 (0.002)	0.000 (0.000)	-0.002 (0.002)	-0.002 (0.002)	0.005*** (0.001)

续表

变量	模型1（二分类自评健康）			模型2（五分类自评健康）		
	（1）Probit	（2）IV－Probit		（3）Probit	（4）IV－Probit	
		2nd stage	1st stage		2nd stage	1st stage
兄弟姐妹数量（以无兄弟姐妹为基准组）						
一个	0.023 (0.052)	0.028 (0.049)	0.002 (0.006)	0.021 (0.052)	0.033 (0.051)	0.029 (0.025)
两个	0.029 (0.054)	0.038 (0.052)	0.002 (0.006)	0.028 (0.054)	0.039 (0.054)	0.010 (0.026)
三个及以上	0.073 (0.056)	0.060 (0.054)	－0.010 (0.007)	0.071 (0.056)	0.075 (0.055)	－0.007 (0.027)
流动经历	1.889*** (0.028)	1.803*** (0.100)	0.025*** (0.004)	1.890*** (0.028)	1.857*** (0.047)	0.086*** (0.014)
医保参保情况（以无医保为基准组）						
“城职保”	－0.053 (0.086)	－0.052 (0.081)	－0.004 (0.010)	－0.048 (0.086)	－0.066 (0.084)	－0.086** (0.042)
“城居保”	－0.160 (0.100)	－0.149 (0.095)	0.004 (0.013)	－0.151 (0.101)	－0.183* (0.098)	－0.101** (0.048)
“新农合”	－0.133* (0.078)	－0.119 (0.074)	0.004 (0.010)	－0.127 (0.078)	－0.146* (0.076)	－0.077* (0.039)
商业医保	－0.106 (0.135)	－0.150 (0.127)	－0.030 (0.019)	－0.109 (0.135)	－0.132 (0.131)	－0.071 (0.067)
其他医保	－0.064 (0.130)	－0.069 (0.123)	－0.007 (0.019)	－0.059 (0.130)	－0.090 (0.127)	－0.118* (0.068)
地区平均健康水平	— —	— —	0.688*** (0.076)	— —	— —	4.115*** (0.265)
截距项	－0.983*** (0.172)	0.367** (0.179)	－1.453*** (0.013)	－1.038*** (0.169)	0.243** (0.107)	－0.211*** (0.006)
观测值	15185	15185	15185	15185	15185	15185

注：（1）***、**和*分别表示估计系数在1%、5%、10%的统计水平上显著；（2）括号中的数值表示稳健标准误。

表 4 – 4　　基于二分类自评健康的边际效应

变量	1 OLS	2 Probit	3 IV – Probit
健康状况			
自评健康（二分类）	0.030*** (0.010)	0.040*** (0.015)	0.505* (0.285)
性别	0.037*** (0.006)	0.042*** (0.006)	0.061*** (0.008)
年龄组（以 16 ~ 25 岁为基准组）			
26 ~ 35 岁	–0.028** (0.012)	–0.028*** (0.009)	–0.050*** (0.014)
36 ~ 45 岁	–0.101*** (0.013)	–0.085*** (0.011)	–0.127*** (0.014)
46 ~ 55 岁	–0.134*** (0.013)	–0.120*** (0.012)	–0.176*** (0.017)
56 ~ 65 岁	–0.174*** (0.014)	–0.189*** (0.014)	–0.232*** (0.014)
受教育程度（以未上过学为基准组）			
小学	–0.004 (0.010)	0.015 (0.017)	0.054* (0.031)
初中	–0.002 (0.010)	0.017 (0.017)	0.076** (0.035)
高中/职高/技校/中专	–0.025** (0.012)	0.002 (0.018)	0.059 (0.042)
大学及以上	0.000 (0.016)	0.024 (0.020)	0.099** (0.048)
婚姻状况（以未婚为基准组）			
在婚	–0.084*** (0.012)	–0.063*** (0.009)	–0.087*** (0.018)
离异/丧偶	–0.079*** (0.018)	–0.067*** (0.020)	–0.092*** (0.022)

续表

变量	1 OLS	2 Probit	3 IV - Probit
收入层次（以低收入群体为基准组）			
中低收入群体	-0.017** (0.008)	-0.017** (0.008)	-0.024** (0.011)
中高收入群体	-0.005 (0.009)	-0.005 (0.008)	0.001 (0.013)
高收入群体	-0.003 (0.008)	-0.006 (0.008)	0.009 (0.015)
家庭负债总额	0.000 (0.000)	0.000 (0.000)	-0.000 (0.000)
相对生活水平	0.006 (0.004)	0.005 (0.004)	0.021** (0.009)
生活舒适度	-0.005 (0.006)	-0.005 (0.006)	0.007 (0.013)
耕地面积	-0.000 (0.000)	-0.000 (0.000)	-0.001 (0.001)
兄弟姐妹数量（以无兄弟姐妹为基准组）			
一个	0.006 (0.012)	0.004 (0.010)	0.009 (0.016)
两个	0.010 (0.012)	0.006 (0.011)	0.012 (0.017)
三个及以上	0.015 (0.012)	0.014 (0.011)	0.019 (0.017)
流动经历	0.598*** (0.008)	0.368*** (0.003)	0.618*** (0.010)
医保参保情况（以无医保为基准组）			
“城职保”	-0.007 (0.020)	-0.010 (0.017)	-0.016 (0.025)
“城居保”	-0.029 (0.021)	-0.031 (0.020)	-0.043* (0.026)

续表

变量	1 OLS	2 Probit	3 IV - Probit
"新农合"	-0.028 (0.018)	-0.026* (0.015)	-0.038 (0.025)
商业医保	-0.030 (0.028)	-0.021 (0.026)	-0.043 (0.033)
其他医保	-0.007 (0.030)	-0.012 (0.025)	-0.021 (0.043)
观测值	15185	15185	15185

注：(1) ***、** 和 * 分别表示估计系数在 1%、5%、10% 的统计水平上显著；(2) 括号中的数值表示稳健标准误。

接下来，我们分析其他因素对农村劳动力流动意愿的影响。性别变量的估计结果表明，农村劳动力的外出从业倾向存在性别差异，且在 1% 的统计水平上显著，男性比女性受访者的流动倾向约高出 6%。其原因在于：一方面，外出务工的农村劳动力多从事繁重的体力劳动，要求具有较高的身体素质，男性受访者往往能够更好地胜任高强度的体力劳动；另一方面，由于户籍壁垒和城乡分隔，农民工子女往往无法与城镇居民享受同等的教育资源，因此，对于有子女的受访者来说，女性作为子女的主要照料者往往更倾向于留在农村老家。年龄变量的估计结果显示，各年龄组的边际效应均为负值，且在 1% 的统计水平上显著。这表明，相对于 16~25 岁的受访者来说，其他年龄段的受访者的流动倾向均显著更低。而且，随着年龄的增加，流动倾向也逐渐降低。这意味着农村劳动力的流动意愿存在着显著的负向年龄效应。一般来说，在个人的生命周期中，越年轻则其健康状况越好，对于劳动力市场的适应性也越强。兄弟姐妹数量的回归系数为正值，且随着兄弟姐妹数量的增加回归系数也在增大，尽管这一效应并不显著，但能在一定程度上说明家庭兄弟姐妹数量越多，农村劳动力的外出流动倾向就越强。兄弟姐妹数量越多，意味着家庭劳动力生产和照料的替代性越强，可以减少受访者外出从业的后顾之忧。此外，流动经历的系数为正值，且在 1% 的统计水平上显著。这意味着，有过外出流动经历的受访者流动倾向更高，与无流动经历的受访者相比约高出 61%。

表 4－5　　　　　　基于五分类自评健康的边际效应

变量	1 OLS	2 Probit	3 IV－Probit
健康状况			
自评健康（五分类）	0.013*** (0.003)	0.013*** (0.003)	0.067* (0.039)
性别	0.036*** (0.006)	0.041*** (0.006)	0.064*** (0.008)
年龄组（以16～25岁为基准组）			
26～35岁	－0.026** (0.012)	－0.027*** (0.009)	－0.050*** (0.014)
36～45岁	－0.099*** (0.013)	－0.083*** (0.011)	－0.129*** (0.015)
46～55岁	－0.130*** (0.013)	－0.117*** (0.012)	－0.178*** (0.017)
56～65岁	－0.169*** (0.014)	－0.185*** (0.014)	－0.233*** (0.015)
受教育程度（以未上过学为基准组）			
小学	－0.004 (0.010)	0.014 (0.017)	0.039 (0.027)
初中	－0.003 (0.010)	0.016 (0.017)	0.057** (0.029)
高中/职高/技校/中专	－0.026** (0.012)	0.000 (0.018)	0.038 (0.033)
大学及以上	－0.002 (0.016)	0.022 (0.020)	0.080** (0.040)
婚姻状况（以未婚为基准组）			
在婚	－0.085*** (0.012)	－0.063*** (0.009)	－0.092*** (0.017)
离异/丧偶	－0.079*** (0.018)	－0.068*** (0.020)	－0.087*** (0.022)
收入层次（以低收入群体为基准组）			
中低收入群体	－0.018** (0.008)	－0.018** (0.008)	－0.019* (0.011)
中高收入群体	－0.006 (0.009)	－0.006 (0.008)	0.002 (0.013)

续表

变量	1 OLS	2 Probit	3 IV－Probit
高收入群体	－0. 004 (0. 008)	－0. 007 (0. 008)	0. 007 (0. 014)
家庭负债总额	0. 000 (0. 000)	0. 000 (0. 000)	－0. 000 (0. 000)
相对生活水平	0. 005 (0. 004)	0. 004 (0. 004)	0. 018** (0. 008)
生活舒适度	－0. 007 (0. 006)	－0. 007 (0. 006)	0. 007 (0. 012)
耕地面积	－0. 000 (0. 000)	－0. 000 (0. 000)	－0. 001 (0. 001)
兄弟姐妹数量（以无兄弟姐妹为基准组）			
一个	0. 006 (0. 012)	0. 004 (0. 010)	0. 010 (0. 016)
两个	0. 009 (0. 012)	0. 005 (0. 011)	0. 012 (0. 017)
三个及以上	0. 015 (0. 012)	0. 014 (0. 011)	0. 022 (0. 016)
流动经历	0. 598*** (0. 008)	0. 368*** (0. 003)	0. 614*** (0. 009)
医保参保情况（以无医保为基准组）			
“城职保”	－0. 006 (0. 020)	－0. 009 (0. 017)	－0. 019 (0. 025)
“城居保”	－0. 027 (0. 021)	－0. 030 (0. 020)	－0. 050** (0. 025)
“新农合”	－0. 027 (0. 018)	－0. 025 (0. 015)	－0. 045* (0. 025)
商业医保	－0. 030 (0. 028)	－0. 021 (0. 026)	－0. 037 (0. 033)
其他医保	－0. 006 (0. 030)	－0. 012 (0. 025)	－0. 026 (0. 042)
观测值	15185	15185	15185

注：（1）***、**和*分别表示估计系数在1%、5%、10%的统计水平上显著；（2）括号中的数值表示稳健标准误。

（二）异质性分析

为了更好地研究不同特征的受访者的健康状况对流动意愿的影响，我们把全部样本按照性别、年龄、受教育程度、收入水平、相对生活水平等分成不同的子样本。如表 4－6 所示，模型 1 和模型 2 分别为基于二分类自评健康和五分类自评健康的估计结果，这里同时汇报了基本回归结果和边际效应。结果表明：

（1）分性别来看，无论是以二分类自评健康还是五分类自评健康为衡量指标，男性群体与女性群体的自评健康的边际效应均为正值，然而对于男性来说这一效应在 1% 的统计水平上显著，对于女性来说这一效应并不显著，而且男性的自评健康边际效应要大于女性。这表明，对于男性来说，健康状况对于流动意愿具有显著的正向效应。其原因主要在于：男性往往是家庭的主要收入来源，而且男性收入通常高于女性，只要身体状况允许，其外出务工供养家庭的可能性更大。

（2）分年龄段来看，16～25 岁和 26～35 岁年龄段农村劳动力的健康状况对流动意愿具有显著的正效应，而在其他年龄段的受访者中未发现该效应。其可能的原因在于农民工群体多集中在劳动密集型行业就业，因此年龄越大工资可能越低，而且，随着年龄的增长，健康状况可能会呈现下降趋势。这意味着，一方面就业的机会可能会减少，另一方面可能会导致潜在的医疗成本增加，因而对于年龄较大的受访者来说，外出务工的收益和成本可能无法与年轻的受访者相比，进而造成年轻群体的外出流动意愿要高于年长的受访者。

（3）从不同的受教育程度来看，只有上过小学和初中的受访者的健康状况对流动意愿有显著的正向效应。样本中受教育程度为小学、初中的样本占比分别为 23.6%、48.4%。这意味着农村劳动力的整体受教育水平较低。根据传统的劳动力市场分割理论，农民工从事的职业和工作往往对教育程度要求不高，对于受过良好教育的农村劳动力来说，相对较高的职业和收入期望导致其在城市中往往较难找到合适的工作，因此对于受教育水平较高的受访来说健康状况对流动意愿的影响并不显著。

（4）从收入层次来看，健康状况对不同收入群体的流动意愿影响也不尽相同。结果显示，低收入群体的自评健康的边际效应显著为正值。这从侧面印证了追求高收入水平、改善家庭经济条件是农村劳动力外出务工的主要动机之一。

（5）从相对生活水平来看，与当地居民相比，相对生活水平低很多和略低的两个群体的健康状况对流动意愿具有显著的正向影响。这表明，相对生活水平越低，流动的意愿越强，反之则越弱。相对生活水平可以看作是相对收入水平和社会经济地位的间接衡量。这一结果再次印证了农村劳动力流动的主要诱因之一是趋利动机和改善社会经济地位。

表 4-6 不同子样本的基本回归结果和边际效应

分组类型		模型1		模型2	
		基本回归结果	边际效应	基本回归结果	边际效应
性别	男性	0.288*** (0.104)	0.063*** (0.023)	0.086*** (0.023)	0.019*** (0.005)
	女性	0.077 (0.115)	0.012 (0.019)	0.036 (0.028)	0.006 (0.005)
年龄	16~25岁	0.190*** (0.056)	0.048*** (0.014)	0.082* (0.042)	0.021* (0.011)
	26~35岁	0.289 (0.242)	0.064 (0.053)	0.074* (0.044)	0.016* (0.010)
	36~45岁	0.077 (0.146)	0.015 (0.029)	0.049 (0.036)	0.010 (0.007)
	46~55岁	0.179 (0.139)	0.030 (0.023)	0.033 (0.035)	0.006 (0.006)
	56~65岁	0.278 (0.260)	0.028 (0.026)	0.083 (0.068)	0.009 (0.015)
受教育程度	未上过学	0.125 (0.249)	0.012 (0.024)	-0.033 (0.084)	-0.003 (0.008)
	小学	0.194* (0.115)	0.032* (0.019)	0.088*** (0.033)	0.015*** (0.005)
	初中	0.289** (0.130)	0.060** (0.027)	0.071*** (0.026)	0.015*** (0.005)
	高中/职高/技校/中专	-0.190 (0.266)	-0.040 (0.057)	0.042 (0.048)	0.009 (0.010)
	大学及以上	0.363 (0.446)	0.073 (0.089)	0.066 (0.087)	0.013 (0.017)

续表

分组类型		模型1		模型2	
		基本回归结果	边际效应	基本回归结果	边际效应
收入水平	低收入群体	0.216* (0.129)	0.043* (0.026)	0.107*** (0.036)	0.021*** (0.007)
	中低收入群体	0.086 (0.131)	0.017 (0.026)	0.032 (0.032)	0.006 (0.006)
	中高收入群体	0.230 (0.179)	0.048 (0.037)	0.088** (0.039)	0.018** (0.008)
	高收入群体	0.443 (0.275)	0.073 (0.045)	0.039 (0.039)	0.006 (0.006)
相对生活水平	低很多	0.326*** (0.127)	0.062*** (0.024)	0.056** (0.024)	0.011** (0.005)
	略低	0.248* (0.134)	0.049* (0.027)	0.080** (0.037)	0.016** (0.007)
	持平	0.020 (0.186)	0.004 (0.036)	0.044 (0.071)	0.009 (0.014)
	略高	0.022 (0.223)	0.004 (0.043)	0.084 (0.058)	0.016 (0.019)
	高很多	— —	— —	0.579 (0.347)	0.060 (0.125)

注：(1) *** 、** 和 * 分别表示估计系数在1%、5%、10%的统计水平上显著；(2) 括号中的数值表示稳健标准误；(3) 除了自评健康外，这里还控制了受访者的个人特征、家庭特征等变量，为了突出重点，这里仅报告了自评健康变量的估计结果。

五、本章小结

基于2013年中国家庭收入调查（CHIP）的大样本数据，本章研究了健康状况对我国农村劳动力流动意愿的影响。根据不同的划分标准，将健康水平分别用二分类自评健康指标和五分类自评健康指标来表示。使用省区市的平均自评健康状况作为个体受访者健康状况的工具变量，解决了遗漏变量或反向因果关系可能导致的内生性问题。研究发现，无论是二分类自评健康还是五分类自评健康，对于农村劳动力的流动意愿均有显著的正向效应，身体健康状况越好的农村劳动力，外出从业的意愿越强，这也在一定程度上验证了农民工流动存在“健康选择效应”。将全部样本按照性别、年龄、受教育程度、收入水平、相对生活水平等分成不同子样本的异质性分析结果表明，男性群体的身体健康状况对流动意愿的正向效应显著更强。传统的农村家庭“男主外、女主内”的分工观念，使家庭的主要收入来源往往是男性，而女性则更多地负责家庭照料，这可能导致男性劳动力流动存在更强的“健康选择效应”。随着年龄的增长，农村劳动力流动的“健康选择效应”逐渐减弱。这是由于，对于以体力劳动为主的农民工来说，年龄的增长意味着就业机会的减少和健康风险的增加。因此，受访者的年龄越大，其流动意愿越弱。此外，从受教育程度的分样本回归结果来看，小学和初中群体的健康状况对流动意愿影响具有显著的正向影响，而随着受教育水平的提升，这一影响却变得更不显著。这主要是由于高教育水平的受访者的职业和收入预期与乡城劳动力市场分割的矛盾所造成的。绝对收入水平和相对生活水平的分组回归结果显示，收入层次越低，相对生活水平越低，农村劳动力的健康状况对流动意愿的正向影响越强，这从侧面验证了提高收入水平、改善社会经济地位是农村劳动力外出务工的主要动因之一。同时这也意味着，自评健康水平越低，潜在的健康风险越高，由于城乡的医疗资源、医疗成本差异，受访者外出务工的医疗开支可能也会提升。因此，作为一个以增加经济收益为主要目的的农村劳动力，当健康状况较差时其流动倾向也会越低。

从国际移民的视角来看，由于签证制度等存在健康筛选壁垒，导致身体健康状况较好的个体更易获得签证，进而成为跨国移民（Chiswick et al.，2008）。这意味着，制度壁垒是造成个体的跨国流动存在健康选择效应的主要原因。一般来说，相对于劳动力的跨国流动，劳动力的国内流动存在的制度壁垒相对较少，从这个角度来看，健康状况对劳动力的流动应该不存在显著的影响效应（Lu，2010）。例如，劳动力的国内流动不存在签证制度障碍，一般情况下可以相对自由地在不同的区域之间流动；尽管中国幅员辽阔、地域广袤，不同区域之间可能会存在着明显的语言、文化、习俗和环境等差异，但是与国际间的差异相比，这些差异虽然可能会影响劳动力的流动意愿，但一般不会成为劳动力国内流动的主要障碍。然而，城乡发展长期以来形成的二元经济社会结构，使城乡居民之间的社会保障、公共服务等待遇差异较大，医疗、养老、教育、就业等公共政策的城乡分隔和区域分隔问题更为突出。这些制度壁垒是阻碍生产要素流动的重要因素，尤其是对于农村劳动力的流动迁移来说，并不利于全国劳动力市场的统一。

本章的研究发现对于解释当前农村劳动力流动决策的影响因素有着重要的意义。为了提升农村劳动力的健康水平，促进农村劳动力的乡城流动迁移，本章建议采取以下措施：

首先，在当前基本医疗保险可以异地报销结算的前提下，增加异地（尤其是跨省）就医的定点医疗机构，提升医疗费用的报销比例。对于有长期居留意愿的农民工，允许其参加所在地的基本医疗保险。从多个渠道共同努力，降低其健康风险和医疗成本。

其次，加强公共卫生财政资金向农村地区倾斜。由于长期以来的城乡政策差异，我国的公共资源多集中在城镇地区。尽管近年来国家通过实施乡村振兴政策，对农村地区的医疗卫生投入有所提高，但城乡资源分布不均衡问题依然严峻。就医疗资源来说约80%都集中在城镇，而占全国人口比例较大的农村地区只占有约20%的医疗资源（秦立建等，2014），人均医疗资源占比严重不足。作为农民工的来源地，农村地区的医疗资源相对匮乏，这并不利于农村劳动力健康水平的维持和提升，也不利于城市建设劳动力的补充。

最后，改善农民工在城镇的工作和生活条件，加强农民工的劳动保护，为农村劳动力向城镇流动创造更多的有利条件。

| 第五章 |

农民工流动对生理健康的影响

——对“健康损耗效应”的检验（Ⅰ）

一、问题的提出

随着流动人口的增加，转移到城镇的农村剩余劳动力正逐渐成为城市经济建设的生力军，是中国工业化、新型城镇化进程中不可或缺的组成部分，社会对这一流动群体的关注也逐渐增长，尤其是他们的健康问题、子女教育问题，以及在输入地的社会融入等问题。作为中国社会经济建设的核心力量之一，农民工的健康状况不仅关系着个人收入和家庭运转，还将对宏观经济发展和经济增长产生直接影响。根据人力资本理论，作为人力资本的载体，健康是其他形式人力资本得以存在并发挥作用的前提。2016 年 10 月 25 日，中共中央、国务院印发的《“健康中国 2030”规划纲要》为健康中国建设提出了目标，而农民工的健康问题则是其中重点关注的一个议题。

在城乡人口流动背景下，个人健康状况好坏会影响人口的流动决策，而劳动力流动过程中的职业类型、工作和居住环境、生活方式等往往处于社会的底端，导致该群体面临着更为突出的健康风险，大规模的农民工流动不可避免地会对城乡居民的健康差异产生深刻影响。因此，在农村劳动力乡城流动成为社会常态而城乡二元分割和户籍制度壁垒依然存在的复杂背景下，考察农民工流动对健康造成的影响，进而探讨由此造成的城乡居民健康差异具有深远的意义。

二、数据、变量和模型设定

（一）数据选取及样本筛选

本章使用的数据为中国家庭营养与健康调查统计数据（CHNS）和国务院城镇居民基本医疗保险入户调查数据（URBMI）。在此部分研究中，我们将中国家庭营养与健康调查统计数据（CHNS）作为主要数据进行基准分析，将国务院城镇居民基本医疗保险入户调查数据（URBMI）作为辅助数据进行稳健性分析。

中国家庭营养与健康调查统计数据（CHNS）的搜集是由美国北卡罗来纳大学联合中国疾病防控中心等机构完成的，于 1989 ~ 2015 年共展开了 10 次调查，调查时点分别为 1989 年、1991 年、1993 年、1997 年、2000 年、2004 年、2006 年、2009 年、2011 年和 2015 年。这项调查是在全国九个省区开展的跟踪式入户调查，包括辽宁、黑龙江、江苏、山东、河南、湖北、湖南、广西和贵州，2011 年开始又增加了北京、上海和重庆三个直辖市。按照地理位置、经济发展水平、人口分布和健康水平差异等标准，调查组选出了上述具有代表性的省区市。调查采用多阶段、概率与规模成比例抽样（PPS）方法，在选取的样本省区市中分别抽取数量不等的乡镇和街道社区展开调查。调查问卷内容涵盖了居民的人口学特征基本信息、个人健康状况、家庭基本情况详细信息以及医疗保险等相关信息，包括性别、年龄、各项健康指标、医疗开支、医疗保险参保情况、经济状况、医疗服务利用情况等。根据本章的研究目的，我们选取了 2000 年、2004 年、2006 年、2009 年、2011 年和 2015 年等 6 个时间点的面板数据。

国务院城镇居民基本医疗保险入户调查数据（URBMI）的搜集是由北京大学中国卫生经济研究中心联合中国医疗保险协会等机构完成的，自 2007 年开始连续开展五年。这项调查是在全国九个城市开展的跟踪式入户调查，包括内蒙古自治区包头市、湖南省常德市、四川省成都市、吉林省吉林市、浙江省绍兴市、福建省厦门市、青海省西宁市、新疆维吾尔自治区乌鲁木齐市和山东省淄博市。按照人均 GDP、总人口、人口密度、平均医院床位数、平均医生数量以及 2006 年城镇居民基本医疗保险和城镇职工基本医疗保险的平均筹资水平等标准，调查组从 79 个城镇居民基本医疗保险试点城市中选出了上述 9 个具有代表性的城市。调查采用多阶段、概率与规模成比例抽样（PPS）方法，在选取的 9 个样本城市中，共抽样调查了 42 个区（县）、100 个街道（办事处）、141 个社区（居委会）。调查问卷内容涵盖了我们研究所需的关键信息。根据本章的研究目的，选取了 2007 ~ 2011 年共 5 年的混合数据。

为了使数据与我们的研究相契合，本章把研究对象限定为 16 ~ 65 岁处于劳动年龄段的非学生受访者。利用符合条件的受访者提供的个人及家庭等相关基本信息，最终选出了本章所需的全部样本。

（二）变量设置及其描述性统计

在健康经济学领域中，关于健康指标的选取是研究的难点之一，尚缺乏统一的标准。根据调查数据，本章将选取自评健康、是否患有慢性病、四周内门诊就诊情况和住院情况作为健康的测度指标。这些指标能够从不同维度反映受访者的健康状况，并且综合了不同时期的健康特征，能够较为全面地揭示受访者的健康水平。自评健康是常用的健康衡量指标（Feletcher et al.，2011；Noymer & Lee，2013），虽然该指标的主观性较强，但在一定程度能够对受访者的健康进行综合评价。这里我们将样本的自评健康状况由五个维度调整为“好”和“差”两个状态。从某种程度上来说，这种做法可以极大地简化数据处理过程，也可以使模型的解释更为清晰、更有力度。当然，就健康评价的相对意义而言，这一变换并不影响我们的主要结论（秦立建，2014）。慢性病患病情况的衡量具有较强的客观性，可以作为对自评健康指标的一个补充。选取四周内门诊就诊情况和住院情况两个指标，一方面可以反映受访者的伤病频率和程度，另一方面可以反映受访者的医疗服务可及性和利用情况。各健康指标的具体界定如表 5 - 1 中 Panel A 所示。

根据变量属性可将解释变量分为四类：第一类是流动特征，这是本章的核心解释变量，包括农村留守人员、农村迁移劳动力、城镇居民三个维度。第二类是个人特征变量，主要包括年龄、性别、受教育程度、工作性质以及婚姻状况。健康水平往往随着年龄的增加而逐渐下降，且不同年龄层的受访者下降的速度可能存在差异。男性与女性对于健康的认识不同，且健康行为存在差异，因此需要控制性别变量。较高的受教育水平有助于人们对健康知识的积累，有利于健康水平的提升。工作性质差异意味着工作环境、工作方式和工作压力的差异。婚姻状态可能会影响人们的生活方式和精神状态，进而对健康产生影响。第三类是家庭特征变量，主要包括民族、家庭月人均收入、住房性质、是否有汽车等。少数民族的饮食、生活方式等可能会对受访者的健康产生影响，因此将民族作为我们的解释变量。家庭收入直接决定了人们的生活水平，尤其是营养摄入、健康投资等，进而影响健康水平。住房性质、家里是否有汽车能够在一定程度上反映受访者的社会阶层和经济压力，压力越大，对健康越不利。第四类是健康行为和医保参保情况变量，健康行为变量包括抽烟频率、喝酒频率、锻炼频率、卫生保健服务利用情况，这些变量可能会对健康产生不同的影响。医保参保情况是指受访者拥有何种类型的医疗保险，对于外出农民工来说，基本医疗保险异地报销存在壁垒，尤其是跨省流动的劳动力，这可能会影响其在输入地的医疗服务利用，进而对健康产生影响。各解释变量的具体界定如表 5 - 1 中 Panel B 所示。

表 5 - 1　　　　变量定义

Panel A：被解释变量	
自评健康	根据受访者对自身当前的健康状况评价进行界定，包括“很好”“好”“中等”“差”“很差”五个等级。根据研究需要将其进行二分化处理，将“很好”“好”“中等”设定为自评健康较好，赋值为1，将其余两个选项“差”“很差”设定为自评健康较差，赋值为0
慢性病	若受访者患高血压、糖尿病、心肌梗塞、中风、哮喘等慢性疾病则赋值为1，否则赋值为0
门诊就诊情况	若受访者过去四周内生病且进行过门诊治疗则赋值为1，否则赋值为0
住院情况	若受访者过去四周内生病且住过院则赋值为1，否则赋值为0

续表

Panel B：解释变量		
流动特征	农村留守人员	指调查时受访者的户籍性质、所在地以及常住地均为农村的受访者
	农民工	指调查时户籍性质和所在地为农村，但常住地为城镇的受访者
	城镇居民	指调查时户籍性质、所在地以及常住地均为城镇的受访者
个人特征变量	年龄	周岁：为了研究不同年龄层受访者的健康差异，我们将受访者分为16~25岁、26~35岁、36~45岁、46~55岁、56~65岁五个年龄组
	性别	若为男性则赋值为1，若为女性则赋值为0
	受教育程度	包括小学以下、小学、初中、高中/中专、大学及以上五个维度
	工作性质	包括合同工、临时工、个体经营者、无业、退休、其他六个维度
	婚姻状况	包括未婚、在婚、离异/丧偶//分居三个维度
家庭特征变量	民族	若为汉族则赋值为1，否则赋值为0
	家庭月人均收入	单位：元；为了研究不同收入水平对健康的影响，我们将受访者分为低收入群体、中低收入群体、中高收入群体、高收入群体四类
	住房性质	根据受访者回答，若所住房子是“自己的”则赋值为1，否则赋值为0
	汽车	若家里有汽车则赋值1，否则赋值为0
健康行为和医保参保情况	抽烟频率	若每天抽烟5支以上则赋值为1，否则赋值为0
	喝酒频率	若每周饮酒2次以上且饮酒种类为啤酒或白酒则赋值为1，否则赋值为0
	喝茶频率	若每周喝茶3次以上则赋值为1，否则赋值为0
	锻炼频率	若经常参加武术、跑步、游泳、跳舞等体力活动则赋值为1，否则赋值为0
	预防保健服务	若过去四周参加过预防卫生保健服务则赋值为1，否则赋值为0
	医保参保情况	包括城镇居民基本医疗保险（简称“城居保”）、城镇职工基本医疗保险（简称“城职保”）、农村新型合作医疗保险（简称“新农合”）、其他医疗保险、无医疗保险五类

表5-2为主要变量的描述性统计量。在本章选取的样本中，农村留守人员、农民工以及城镇居民所占比例分别约为45.4%、17.5%、37.1%。与其他两个群体相比，农民工的自评健康水平较低，慢性病患病率以及门诊就诊率更高。受访者的年龄特征表明，农民工的平均年龄为39.5岁，比农村

留守人员和城镇居民的平均年龄低 5 ~7 岁。在各类受访者中，城镇居民的受教育程度最高，而农民工的受教育程度又明显高于农村留守人员。此外，约有 45% 的农民工的工作性质为临时工或钟点工，另有 22.5% 从事个体经营，以做小买卖为主。相比之下，约有 32.5% 的城镇居民为正式合同工，在各类受访者中最高。家庭月人均收入的统计数据表明，农村迁移劳动力与城镇居民的收入和积蓄水平最为接近，农村留守人员的收入水平最低。只有 11.9% 的农民工在输入地的住房性质为自有产权，这一比例远远低于农村留守人员和城镇居民。健康行为的差异表明，农民工经常抽烟喝酒的比例最高，锻炼频率和预防保健服务利用次数均高于农村留守人员，但却低于城镇居民。99.3% 的农村留守人员参加了"新农合"，92.5% 的城镇居民拥有城居保或城职保。相比之下，农民工参加"新农合"的比例为 57.1%，参加城居保和城职保的比例分别为 10.8% 和 29.4%。在一些农民工流入数量较多的城市，地方政府曾尝试将外来劳动力纳入当地的城镇医保体系，允许其像城镇居民一样参加城居保或城职保，但这一政策只覆盖了约 40% 的农村迁移劳动力，推广力度明显不足。

表 5 -2　变量的均值与标准差

变量名	全样本		农村留守人员		农民工		城镇居民	
	均值	标准差	均值	标准差	均值	标准差	均值	标准差
自评健康	0.531	0.499	0.516	0.500	0.489	0.501	0.568	0.496
慢性病	0.238	0.398	0.217	0.413	0.274	0.446	0.248	0.356
门诊就诊情况	0.156	0.361	0.166	0.372	0.204	0.403	0.121	0.327
住院情况	0.062	0.241	0.061	0.239	0.052	0.223	0.067	0.252
性别	0.427	0.495	0.402	0.491	0.433	0.496	0.456	0.498
年龄	44.776	11.108	45.017	11.793	39.490	9.678	46.975	10.944
受教育程度								
小学以下	0.066	0.239	0.101	0.302	0.052	0.223	0.030	0.170
小学	0.165	0.364	0.213	0.410	0.173	0.379	0.101	0.301
初中	0.391	0.486	0.405	0.491	0.468	0.500	0.339	0.474
高中/中专	0.254	0.430	0.197	0.398	0.242	0.429	0.330	0.470
大学及以上	0.129	0.317	0.084	0.277	0.065	0.247	0.200	0.400

续表

变量名	全样本		农村留守人员		农民工		城镇居民	
	均值	标准差	均值	标准差	均值	标准差	均值	标准差
工作性质								
合同工	0.231	0.411	0.188	0.390	0.134	0.342	0.328	0.470
临时工	0.207	0.386	0.171	0.376	0.450	0.499	0.137	0.344
个体经营者	0.172	0.367	0.218	0.413	0.225	0.419	0.090	0.286
无业	0.242	0.420	0.323	0.468	0.177	0.383	0.173	0.378
退休	0.142	0.314	0.090	0.286	0.013	0.113	0.267	0.442
其他	0.007	0.075	0.010	0.101	—	—	0.006	0.079
婚姻状况								
未婚	0.058	0.228	0.066	0.248	0.017	0.131	0.067	0.250
在婚	0.874	0.330	0.864	0.343	0.927	0.262	0.861	0.346
离异/丧偶/分居	0.068	0.252	0.070	0.256	0.056	0.231	0.072	0.257
民族	0.936	0.245	0.937	0.244	0.918	0.275	0.942	0.234
家庭月人均收入	1969.372	3042.924	1657.827	2640.044	2105.164	2793.276	2286.614	3653.759
住房性质	0.771	0.286	0.899	0.302	0.119	0.287	0.923	0.266
是否有汽车	0.149	0.315	0.112	0.316	0.133	0.340	0.202	0.302
健康行为								
抽烟频率	0.217	0.395	0.195	0.396	0.235	0.424	0.234	0.379
喝酒频率	0.053	0.225	0.051	0.220	0.062	0.242	0.052	0.222
锻炼频率	0.191	0.407	0.104	0.372	0.189	0.392	0.300	0.458
预防保健服务	0.033	0.247	0.008	0.224	0.016	0.289	0.072	0.256
医保参保情况								
“城居保”	0.125	0.217	—	—	0.108	0.313	0.285	0.438
“城职保”	0.289	0.255	—	—	0.294	0.457	0.640	0.471
“新农合”	0.551	0.295	0.993	0.456	0.571	0.501	—	—
其他医保	0.027	0.178	0.004	0.193	0.001	0.139	0.069	0.177
无医疗保险	0.008	0.080	0.003	0.051	0.026	0.159	0.006	0.078
观测样本数	27476		12475		4808		10193	

（三）模型设定

1. 基准模型：固定效应 Logit 模型

农村劳动力转移到城镇之后，其健康状况可能会发生变化，这种变化主要是流动经历对健康的积极效应和消极效应共同作用的结果。在这个过程中，流动特征对群体健康差异的影响实际包含积极效应、消极效应以及选择效应三个方面，其实只有积极效应和消极效应才是造成城乡居民健康差异的根本原因。因此，在估计农民工流动对健康的真实效应时，需要剔除选择效应的影响（秦立建等，2014）。

$$\underbrace{TotalE}_{\text{总效应}} = \underbrace{\underbrace{PositiveE}_{\text{积极效应}} + \underbrace{NegativeE}_{\text{消极效应}}}_{\text{真实效应}} + \underbrace{SelectiveE}_{\text{选择效应}} \qquad (5-1)$$

关于人口流动对健康的促进作用，国外已有一些研究进行了验证（Blair and Schneeberg，2013），而国内关于农民工流动对健康积极效应的研究并不多见。从近些年农村劳动力的迁移路径可以看出，流动人群往往从经济落后地区流向经济发达地区，从农业流向工商业，区域转移与职业类型转变使劳动力的收入水平提升，进而对其健康水平产生积极影响。此外，公共卫生服务作为一种公共物品，具有较强的正外部性，而城镇的公共卫生知识和服务的提供优于农村地区，劳动力的流动将有利于其健康水平的提升。

换一个角度而言，农民工的流动也可能会对其健康产生消极影响。农村到城镇的迁移会使流动人口的生产和生活方式发生极大变化，一是农业到工业的生产方式转变，二是农村到城镇的生活方式转变，三是社会经济地位的转变，这些均有可能使迁移人群产生心理和生理上的不适应，进而对其健康状况产生消极影响（Chiswick et al.，2008）。此外，农民工的工作性质往往为非正式员工，层次较低，劳动时间不固定，体力劳动较为普遍，这也会对其健康产生负面影响（朱玲，2009）。再加上我国长期的城乡差距和地区分隔，使跨地区流动的农民工在输入地的社会保障覆盖不够完善，医疗服务可及性较差，这些均会导致外出农民工对于健康风险缺乏有效的化解措施，从而对其健康状况产生不利影响。

鉴于此，我们可以假定个人的健康状况由下述方程决定：

$$y_i = \alpha_0 + M_i'\alpha_1 + X_i'\alpha_2 + \varepsilon_i \tag{5-2}$$

其中，y_i 表示个体 i 的健康状况，M_i 表示个体的流动状态，X_i 表示影响健康的个体特征和家庭特征等。ε_i 表示影响个人健康状况其他的未观测到的因素。若不存在逆向选择偏误和反向因果效应，也不存在能够同时影响健康和流动特征的未观测到的因素，则可以认为个人的流动决策是外生的，此时直接对方程进行估计即可得到一致性结果。然而，作为人力资本的主要来源，健康状况显然会影响农村人口的流动，人口的流动决策可能是逆向选择偏误的结果。因此，估计结果可能是有偏和不一致的。这意味着，关于流动对健康的影响，既要考虑前面所述积极效应和消极效应，同时还要考虑到可能存在的选择效应。

如何剔除选择偏误可能造成的影响，是能否准确估计劳动力迁移对健康影响的关键所在。在实证分析中，通常有三种方法来解决选择性偏误问题：(1) 采用工具变量法，选取的工具变量必须与因变量不相关但是与内生解释变量相关，这往往依赖于数据本身的结构以及研究者的主观判断；(2) 采用倾向得分匹配法（PSM），通过倾向得分对处理组和对照组进行匹配来矫正可能存在的样本偏差；(3) 利用面板数据进行经验估计，消除可能存在的选择效应（Pylypchuk and Hudson，2009）。与运用横截面数据进行估计相比，面板数据的优点是能够矫正不可观测的个体异质性造成的估计偏误。借鉴秦立建等（2014）的做法，本章利用 2000～2015 年 CHNS 面板数据，结合固定效应 Logit 模型，就农民工流动对生理健康的影响展开经验分析。Logit 模型的具体形式如下：

$$P_i = F(T_i) = F(\gamma + \theta K_i) = \frac{1}{1 + e^{-K_i}} = \frac{1}{1 + e^{-(\gamma + \theta K_i)}} \tag{5-3}$$

其中，e 表示自然对数的底，对于任意给定的 K_i，P_i 表示个体做出某一选择的概率和可能性。对式 5－3 进一步变换可得：

$$L_i = \ln\left(\frac{P_i}{1 - P_i}\right) = T_i = \gamma + \theta K_i \tag{5-4}$$

其中，因变量 L_i 表示个体做出某一选择的机会比的对数。根据本章的研究需要，我们将构建如下固定效应 Logit 模型：

$$Health_{ijt} = \beta_0 + M'_{ijt}\beta_1 + H'_{jt}\beta_2 + X'_{it}\beta_3 + Z'_{it}\beta_4 + u_i + v_{it} \quad (5-5)$$

其中，i 表示个体，j 表示家庭，t 表示年份，$Health_{ijt}$ 表示家庭 j 中的个体 i 在 t 年的健康状况。M_{ijt} 表示个体的流动特征，是我们感兴趣的关键解释变量。H_{jt} 和 X_{it} 分别表示家庭和个体特征，Z_{it} 表示个体的健康行为以及医保参保情况等。u_i 表示无法观察的影响个体健康并且不随时间变化的个体特征，v_{it} 为随机误差项。

对于上述各项健康指标，本章拟合四个嵌套模型：（1）模型 1 仅控制了受访者的流动特征，考察不同群体之间的总体健康差异；（2）模型 2 在模型 1 的基础上加入了受访者的个体特征变量，用以检验不同群体之间的总体健康差异是否完全由受访者的个体特征所导致的；（3）模型 3 在模型 2 的基础上加入了受访者的家庭特征变量；（4）模型 4 在模型 3 的基础上进一步控制了受访者的健康行为和医保参保情况，从而考察在个体行为与医保属性之外群体健康差异的显著性。

2. 稳健性检验

（1）倾向得分匹配（PSM）。

在其他条件相同的情况下，健康水平可能是影响农村劳动力向外迁移的重要影响因素，这就意味着农村劳动力的流动决策并非随机的。此时如果直接采用计量模型来估计流动行为对健康的影响效应，可能会由于“自我选择”问题而导致严重的样本选择偏误。因此，本章以农民工（处理组）和农村留守人员（对照组）为研究对象，根据个体的特征变量对样本进行倾向得分匹配（PSM）以平衡数据，剔除两者之间可观测的系统性差异，使匹配后的处理组与控制组的个体特征保持一致。首先利用 Logit 回归估算个体迁移的倾向得分：

$$P(X_i) = Pr(M_i = 1 | X_i) \quad (5-6)$$

其中，X_i 表示农村劳动力流动的影响因素，也即匹配变量。根据倾向得分的共同支撑区域对处理组和对照组进行匹配，进而采用相应的匹配方法计算平均处理效应（ATT）：

$$ATT = E(Y_i^T - Y_i^C | M_i = 1) = E(Y_i^T | M_i = 1) - E(Y_i^C | M_i = 1) \quad (5-7)$$

其中，Y_i^T 表示农村劳动力流动外出之后的健康水平，Y_i^C 表示假设农村留守人员流动外出之后的健康水平反事实估计。平均处理效应（ATT）表示具有相同流动倾向的农民工与农村留守人员之间的健康差异，即为流动行为对农民工的健康净效应。

（2）工具变量法：双变量 Probit 模型。

由于健康状况可能会对农村劳动力的流动决策产生反向影响，一些无法观测到的家庭状况也可能会影响农村劳动力的流动决策。此外，基因遗传等也会对样本的健康产生影响。这意味着，农村劳动力的流动决策可能是内生的，本章将通过选取合适的工具变量来解决这一问题。双变量 Probit（Bivariate Probit）模型可以解决 Probit 模型中二元变量的内生性问题，对参数做出一致估计。在双变量 Probit 模型中，一个 Probit 方程的因变量作为自变量出现在另一个 Probit 方程中，因此也称为递归双变量 Probit 模型（recursive bivariate probit model）（樊敏杰，2019）。

该模型可以设定如下：

$$Y^* = X_1\beta_1 + \gamma \times S + \varepsilon_1 \tag{5-8}$$

$$S^* = X_2\beta_2 + \alpha \times D + \varepsilon_2 \tag{5-9}$$

$$\left(\begin{matrix}\varepsilon_1 \\ \varepsilon_2\end{matrix}\middle| X_1,\ X_2\right) \sim N\left[\begin{pmatrix}0 \\ 0\end{pmatrix},\ \begin{pmatrix}1 & \rho \\ \rho & 1\end{pmatrix}\right] \tag{5-10}$$

其中，Y^* 为被解释变量，包括身体质量指数（BMI）（正常 =1，异常 =0）、自评健康状况（好 =1，差 =0）、慢性病患病（患有慢性病 =1，无慢性病 =0）情况等。

若 $S^* > 0$，则定义 $S = 1$，否则定义 $S = 0$。此外，ε_1、ε_2 服从二元联合正态分布，相关系数 $Corr(\varepsilon_1, \varepsilon_2) = \rho$，参数 ρ 表示 S 和 Y 的相关性。若相关系数 ρ 具有统计学显著性，则可以证明变量 S 是内生的，否则，双变量 Probit 模型等价于分别估计两个 Probit 方程，在大样本情况下，估计结果仍然具有一致性。

二元变量 S 表示受访者是否为农民工。式（5-8）中，γ 表示由农民工与城镇本地居民的健康状况差异。在此前的一些研究当中，曾有学者选取区域性指标作为个体变量的工具变量（Bhattacharya et al.，2003；Pan et al.，2012）。因此，我们可以尝试使用“社区居民农民工比例”（变量 D）作为内生解释变量“是否为农民工”（变量 S）的工具变量。据此我们可以准确估计出人口流动对健康影响的因果效应。在式（5-8）中，X_1包括除变量S之外的其他影响受访者健康指标的变量，如受访者的受教育程度、家庭月人均收入、工作状况、年龄、性别等。在式（5-9）中，X_2包括除社区居民农民工比例之外，可能会影响受访者成为流动人口的其他解释变量，如年龄、性别、婚姻状况、家庭收入水平等。由于数据限制，这里仅将农民工与城镇本地居民进行比较。

三、估计结果及分析

表5-3至表5-6为各项健康指标混合横截面Logit模型与固定效应Logit模型的估计结果。混合横截面Logit模型的估计结果显示，随着控制变量的增加，与农村留守人员相比，农民工的各项健康指标逐渐由好变差，而城镇居民的健康指标刚好呈现相反的趋势。由于农民工的外出目的多为务工经商，需要良好的健康状态为依托，导致患有慢性病或其他重大疾病的人往往选择留在家乡。因此，除了年龄、受教育程度以及工作性质的区别，农民工在健康方面同样具有较强的选择效应，所以我们需要剔除选择效应的影响。本章利用四个嵌套的固定效应Logit模型来估计迁移对健康的真实影响。

（一）不同流动特征群体的总体健康差异

表5-3后四栏为各项健康指标的固定效应Logit模型回归结果，在剔除了选择效应之后，反映了不同流动特征群体的各项健康指标总体差异。农民工的各项健康指标回归系数均为正值，且在一定的统计水平上显著，这意味着相对于农村留守人员来说，农民工所面临的健康风险更高。与农村留守人员相比，城镇居民的自评健康更好，慢性病患病率、四周内门诊就诊率更低，但住院率却显著更高。这可能是由以下原因所导致的：首先，城乡居民的生活方式、工作性质等方面存在明显差异。城市快节奏的生活方式、饮食习惯以及工作压力等可能会对健康产生不利的影响（如慢性病患病率上升等）。其次，医疗服务可及性不同也可能导致城乡居民的健康差异。中国的

医疗资源分布城乡悬殊，城镇拥有更好的医疗机构，且城镇居民的健康意识较强，这有可能导致城镇居民在必要时寻求住院治疗的概率更大。但是，这同时也会使城镇居民在就医过程中感知到健康风险的可能性更高，进而在一定程度上影响其自评健康。总体来看，农民工的总体健康水平要低于农村留守人员。而城镇居民的总体健康水平则优于农村留守人员。从表5-3的结果对比可以发现，混合横截面 Logit 模型的结果与固定效应 Logit 模型存在较大差异，这在一定程度上表明农民工流动存在明显的“健康选择效应”，而这种选择效应带来的健康优势会随着流动经历而逐渐消失。该发现在一定意义上印证了“健康选择效应”和“健康损耗效应”的存在，农村劳动力外出多是为了务工或个体经营，这一特性决定了流动会对年轻健壮的劳动力产生选择效应。

表5-3　受访者流动特征对健康的影响（模型1）

解释变量	混合横截面 Logit 模型				固定效应 Logit 模型			
	自评健康	慢性病	门诊就诊情况	住院情况	自评健康	慢性病	门诊就诊情况	住院情况
流动特征（以农村留守人员为基准组）								
农民工	0.154** (0.065)	-0.515*** (0.095)	-0.135 (0.099)	-0.027 (0.041)	-0.289** (0.144)	0.054** (0.026)	0.036* (0.021)	-0.109*** (0.023)
城镇居民	-0.296*** (0.032)	0.418*** (0.041)	0.385*** (0.047)	0.224*** (0.071)	0.174* (0.097)	-0.211** (0.090)	-0.173 (0.127)	0.174* (0.097)
截距项	-0.772*** (0.031)	-1.688*** (0.040)	-2.113*** (0.046)	3.058*** (0.069)	—	—	—	—
观测值	28301	27234	27507	26019	27476	26835	27163	25264

注：(1) ***、**和*分别表示估计系数在1%、5%、10%的统计水平上显著；(2) 括号中的数值表示稳健标准误。

（二）农民工流动对城乡居民健康差异影响的内在机制

人口的流动特征与城乡居民的健康差异显著相关，关于其内在的影响机制，可以分为两种：直接影响机制和间接影响机制。有学者认为，迁移过程中的环境因素变化可能会对个人的健康状况产生直接影响（牛建林等，

2011)，流动经历也可能通过改变个人的行为等特征而对健康产生间接影响。为了进一步验证不同流动特征对城乡居民健康差异的影响机制，模型 2、模型 3 和模型 4 分别展示了在控制了个人特征变量、家庭特征变量以及个人健康行为和医保参保情况之后的拟合结果。

1. 个体特征对群体健康差异的影响

模型 2 在模型 1 的基础上控制了受访者的性别、年龄、受教育程度、工作性质以及婚姻状况等个人特征变量，回归结果如表 5－4 所示。结果显示，农民工的健康劣势仍然存在，但这种劣势在控制了个人特征变量之后有所减弱。此外，与农村留守人员相比，城镇居民的健康优势也在下降。这表明，个体特征对受访者的健康状况也会产生重要影响。在固定效应 Logit 模型中，由于性别不随时间变化而变化，因此在报告估计结果时剔除该变量。如表 5－4 所示，随着年龄的增加，受访者的各项健康指标均有不同程度的变差趋势。自评健康水平逐渐下降，慢性病患病率以及门诊和住院就诊率均有所上升，而且随着年龄差距的拉大，这种健康水平的下降趋势越来越显著。与此相反，受教育程度对各类健康指标均有不同程度的优化作用。随着受教育水平的提升，受访者的健康风险总体呈下降趋势。与正式合同工相比，临时工、无业以及退休人员存在各类健康问题的可能性更大。究其原因，临时工或钟点工的工作层次较低，相对来说工作环境、工作安全等可能无法得到保证，而本研究的农民工多为临时工（比例为 45%）。相对于其他城乡居民来说，农民工更容易出现作息紊乱，同时工作环境中存在化学毒物、烟尘粉尘的比例更高（牛建林，2013），这是患慢性病和职业病的重要诱因。这种不同群体之间的就业差异和职业分化现象，是导致农民工健康损耗的客观因素。此外，临时工以及其他人员的收入水平也无法与正式合同工匹敌。而对于离退休人员而言，其自身的健康劣势更有可能是通过年龄增加所导致的身体机能退化来传导的。与未婚受访者相比，在婚受访者的自评健康水平显著更高，患慢性病的可能性较小，且在 1% 的统计水平上显著，住院的概率更低。相比之下，离异/丧偶/分居者的自评健康较好，然而这一结果并不显著。但其余三项指标——患慢性病、门诊和住院的情况均显著较差。这些效应能够反映婚姻构建与变迁过程对个人健康的直接或间接影响（如婚姻约束会改善受访者的不良生活方式，而离婚、分居或丧偶则可能会对受访者的心理和生理健康产生负面影响）。

表 5－4　　控制个体特征变量后的估计结果（模型 2）

解释变量	混合横截面 Logit 模型				固定效应 Logit 模型			
	自评健康	慢性病	门诊就诊情况	住院情况	自评健康	慢性病	门诊就诊情况	住院情况
流动特征（以农村留守人员为基准组）								
农民工	−0.090 (0.068)	0.011 (0.103)	0.217** (0.103)	0.237* (0.143)	−0.214*** (0.061)	0.039** (0.019)	0.017* (0.010)	−0.067*** (0.024)
城镇居民	−0.360*** (0.034)	0.336*** (0.046)	0.348*** (0.050)	0.112 (0.073)	0.082** (0.042)	−0.067*** (0.022)	−0.105** (0.047)	0.193** (0.091)
性别	0.036** (0.015)	0.048*** (0.019)	−0.116*** (0.020)	−0.136*** (0.031)	—	—	—	—
年龄组（以 16～25 岁为基准组）								
26～35 岁	−0.194*** (0.044)	0.451*** (0.105)	0.122 (0.083)	0.274** (0.111)	−0.170* (0.098)	0.119 (0.232)	0.263 (0.197)	0.521** (0.216)
36～45 岁	−0.421*** (0.045)	1.390*** (0.103)	0.703*** (0.082)	0.357*** (0.112)	−0.408*** (0.116)	0.249 (0.252)	0.599*** (0.220)	1.014*** (0.271)
46～55 岁	−0.747*** (0.045)	2.240*** (0.103)	1.173*** (0.083)	0.003 (0.112)	−0.603*** (0.125)	0.495* (0.259)	0.860*** (0.229)	0.950*** (0.287)
56～65 岁	−0.990*** (0.049)	2.805*** (0.104)	1.469*** (0.085)	0.224* (0.115)	−0.796*** (0.135)	0.687*** (0.265)	0.839*** (0.237)	0.595** (0.302)
受教育程度（以小学以下为基准组）								
小学	0.094** (0.045)	−0.108** (0.048)	−0.148*** (0.051)	−0.038 (0.080)	0.027 (0.075)	−0.189** (0.092)	−0.194** (0.090)	−0.224* (0.132)
初中	0.172*** (0.043)	−0.203*** (0.046)	−0.259*** (0.049)	−0.100 (0.077)	0.179** (0.082)	−0.327*** (0.103)	−0.177* (0.102)	−0.310** (0.151)
高中/中专	0.306*** (0.043)	−0.280*** (0.047)	−0.317*** (0.050)	−0.117 (0.079)	0.318*** (0.088)	−0.431*** (0.111)	−0.252** (0.111)	−0.286* (0.167)
大学及以上	0.478*** (0.046)	−0.201*** (0.052)	−0.213*** (0.055)	−0.051 (0.085)	0.384*** (0.099)	−0.178 (0.134)	−0.133 (0.133)	−0.184 (0.201)

续表

解释变量	混合横截面 Logit 模型				固定效应 Logit 模型			
	自评健康	慢性病	门诊就诊情况	住院情况	自评健康	慢性病	门诊就诊情况	住院情况
工作性质（以正式员工为基准组）								
临时工	-0.312*** (0.024)	0.033 (0.036)	0.051 (0.038)	-0.282*** (0.064)	-0.331*** (0.125)	0.603*** (0.173)	0.423** (0.167)	0.335 (0.253)
个体经营者	0.026 (0.027)	-0.202*** (0.039)	-0.100** (0.042)	-0.206*** (0.065)	-0.078 (0.049)	0.033 (0.080)	0.008 (0.077)	0.134 (0.119)
无业	-0.766*** (0.023)	0.623*** (0.029)	0.613*** (0.032)	0.461*** (0.048)	-0.544*** (0.044)	0.421*** (0.065)	0.414*** (0.064)	0.545*** (0.098)
退休	-0.530*** (0.024)	0.654*** (0.028)	0.549*** (0.032)	0.584*** (0.049)	-0.150*** (0.045)	0.268*** (0.059)	0.279*** (0.059)	0.428*** (0.089)
其他	-0.556*** (0.086)	0.672*** (0.099)	0.392*** (0.114)	0.298* (0.178)	-0.237*** (0.041)	0.053 (0.069)	0.081 (0.066)	-0.013 (0.104)
婚姻状况（以未婚为基准组）								
在婚	0.076** (0.034)	-0.249*** (0.063)	-0.159*** (0.059)	-1.050*** (0.104)	0.153* (0.092)	-0.470*** (0.175)	-0.149 (0.156)	-0.637** (0.260)
离异/丧偶/分居	-0.083** (0.042)	0.335*** (0.069)	0.369*** (0.067)	1.074*** (0.115)	0.100 (0.103)	0.364* (0.188)	0.319* (0.167)	0.456* (0.275)
截距项	-1.396*** (0.064)	-3.935*** (0.113)	-3.205*** (0.098)	-3.988*** (0.145)	—	—	—	—
观测值	28301	27234	27507	26019	27476	26835	27163	25264

注：(1) ***、** 和 * 分别表示估计系数在 1%、5%、10% 的统计水平上显著；(2) 括号中的数值表示稳健标准误；(3) 模型 2 同时也控制了模型 1 中的变量，为了内容简洁和突出重点解释变量，其他控制变量表中并未列出。

2. 家庭特征对群体健康差异的影响

模型 3 在模型 2 的基础上进一步控制了受访者的民族、家庭月人均收入、住房性质，以及是否有汽车等家庭特征，这些特征同时也能在一定程度上反映受访者的社会经济地位。具体回归结果如表 5-5 所示。在进一步控制了家庭特征变量之后，不同流动群体的健康差异进一步拉大。这从侧面反映了受访者的流动特征也可能会通过改变社会经济资源而对个体健康水平产生较大的影响。

首先，随着收入的增加，受访者自评健康较差、慢性病患病率，以及住院率均呈单调下降的趋势，收入层次越高，受访者的健康风险越低。一方面，较高的收入水平和家庭储蓄能够带来更多的健康投资；另一方面，有治疗需求时，高收入水平能够保证受访者得到及时有效的救治。其次，拥有自有住房会显著降低受访者的慢性病患病概率和门诊就诊率。根据前面对样本的描述性分析可以发现，农民工在输入地城市多租房或借房居住（比例约为88%），囿于经济能力和同群效应，该群体多集中居住于城镇边缘，生活环境恶劣。与农村留守人员以及城镇居民相比，农民工的生活环境中存在空气污染、噪音污染、垃圾污染以及不洁用水的现象更为常见（牛建林，2013）。可见，农民工的流动经历能够通过改变其生活环境而使其健康风险显著增加。拥有汽车也会对各项健康指标产生正向效应，但这一结果并不显著。由此可见，充足的社会经济资源能够对受访者的健康水平带来积极的正向影响，这与以往的研究发现是一致的。

表 5-5　控制家庭特征变量后的估计结果（模型 3）

解释变量	混合横截面 Logit 模型				固定效应 Logit 模型			
	自评健康	慢性病	门诊就诊情况	住院情况	自评健康	慢性病	门诊就诊情况	住院情况
流动特征（以农村留守人员为基准组）								
农民工	-0.175** (0.086)	-0.057 (0.124)	0.196 (0.121)	0.242 (0.150)	-0.461** (0.194)	0.220** (0.092)	0.019 (0.267)	-0.167** (0.076)
城镇居民	0.289*** (0.042)	-0.203*** (0.053)	-0.192*** (0.059)	0.019 (0.077)	0.286* (0.168)	-0.134*** (0.035)	-0.206* (0.112)	0.058 (0.159)
民族	0.011 (0.037)	-0.189*** (0.045)	-0.506*** (0.046)	-0.296*** (0.059)	0.318*** (0.123)	-0.115 (0.163)	-0.551*** (0.164)	0.063 (0.233)
收入层次（以低收入群体为基准组）								
中低收入群体	0.297*** (0.024)	-0.217*** (0.029)	-0.173*** (0.032)	0.044 (0.043)	0.235*** (0.041)	-0.283*** (0.057)	-0.146*** (0.052)	0.185** (0.081)
中高收入群体	0.474*** (0.029)	-0.263*** (0.034)	-0.137*** (0.038)	0.027 (0.051)	0.402*** (0.051)	-0.408*** (0.071)	-0.126* (0.066)	0.250** (0.099)

续表

解释变量	混合横截面 Logit 模型				固定效应 Logit 模型			
	自评健康	慢性病	门诊就诊情况	住院情况	自评健康	慢性病	门诊就诊情况	住院情况
高收入群体	0.644 *** (0.030)	-0.291 *** (0.036)	-0.164 *** (0.039)	0.056 (0.052)	0.578 *** (0.058)	-0.551 *** (0.081)	-0.196 *** (0.074)	0.377 *** (0.110)
住房性质	0.071 ** (0.030)	-0.151 *** (0.036)	-0.208 *** (0.038)	0.003 (0.052)	0.095 *** (0.024)	-0.678 *** (0.099)	-0.211 ** (0.090)	-0.190 (0.143)
汽车	0.239 *** (0.031)	-0.111 *** (0.038)	-0.183 *** (0.043)	-0.023 (0.054)	0.069 (0.061)	-0.010 (0.089)	-0.125 (0.084)	-0.190 (0.143)
截距项	-0.861 *** (0.090)	-3.102 *** (0.143)	-2.580 *** (0.123)	-3.800 *** (0.166)	—	—	—	—
观测值	28301	27234	27507	26019	27476	26835	27163	25264

注：（1） ***、** 和 * 分别表示估计系数在 1%、5%、10% 的统计水平上显著；（2）括号中的数值表示稳健标准误；（3）模型 3 同时也控制了模型 2 中的变量，为了内容简洁和突出重点解释变量，其他控制变量表中并未列出。

3. 健康行为和医保参保情况对群体健康差异的影响

模型 4 在模型 3 的基础上加入了抽烟、喝酒、锻炼以及预防保健等各类健康行为，以及受访者所拥有的医疗保险种类等变量。表 5－6 的回归结果表明，农民工的流动经历也可能通过改变个体的健康行为以及医疗服务可及性而对其健康产生影响。

经常抽烟喝酒对健康会产生显著的消极影响，而经常参加体育锻炼或健身活动则对个人健康具有重要的保护作用。样本的描述性分析显示，农民工和城镇居民锻炼身体的频率明显高于农村留守人员。这可能反映了农民工在城市的融合过程中，城镇居民的示范效应会促进农民工提高锻炼频率，改善其健康行为。

随着卫生保健服务利用的增加，受访者的自评健康水平呈下降趋势，慢性病患病率、门诊以及住院率均显著上升。一方面这反映了身体状况较差者更有可能寻求卫生保健服务；另一方面，这些指标差异也暗含了不同的群体对卫生资源的利用存在差异，而这种差异会对受访者能否及时了解自身健康状况、发现健康风险产生显著影响。从医保变量来看，与无任何医保的受访者相比，拥有城居保和城职保的受访者自评健康较好，患慢性病以及门诊就诊的可能性更低，但住院治疗的概率却显著更高。这可能是由于三个方面的原因造成的：第一，城镇拥有更多的医疗资源，对于城镇居民来说医疗服务的可得性更高；第二，在当前的医疗体制下，医生有动机诱导患者进行过度医疗；第三，根据当前的医保报销政策，就诊报销资格主要集中于住院治疗，同等情况下，如果医保报销比例较高，患者有激励寻求自付费用较低的住院服务。这些都会导致拥有基本医疗保险的城镇居民过度使用医疗资源。但对于拥有“新农合”的受访者来说，各项指标的系数并不显著。这是由于基本医疗保险的统筹层次较低，异地转接困难，对于参加“新农合”的农民工而言，跨地区的流动会导致“新农合”无法充分发挥其基本保障作用，一旦生病则无法得到及时治疗，甚至放弃治疗，加速了健康人力资本折旧。这意味着，农民工的健康状态更为脆弱，需要更多的社会保障支持。

表 5-6　控制健康行为以及医保参保情况后的估计结果（模型 4）

解释变量	混合横截面 Logit 模型				固定效应 Logit 模型			
	自评健康	慢性病	门诊就诊情况	住院情况	自评健康	慢性病	门诊就诊情况	住院情况
流动特征（以农村留守人员为基准组）								
农民工	-0.215** (0.088)	0.108 (0.129)	0.191* (0.110)	0.237 (0.156)	-0.468** (0.204)	0.361*** (0.090)	0.012 (0.279)	-0.085* (0.050)
城镇居民	0.290*** (0.046)	-0.229*** (0.086)	-0.289*** (0.056)	0.139 (0.085)	0.313*** (0.068)	-0.105** (0.046)	-0.194* (0.118)	-0.051* (0.031)
健康行为								
抽烟频率	-0.037 (0.026)	0.057* (0.032)	0.084*** (0.031)	-0.066 (0.051)	-0.078 (0.058)	0.426*** (0.081)	0.371*** (0.082)	0.225* (0.135)
喝酒频率	-0.091** (0.040)	0.051 (0.047)	0.006 (0.046)	-0.115 (0.079)	-0.058 (0.074)	0.179* (0.099)	0.077** (0.033)	0.063* (0.037)
锻炼频率	0.265*** (0.020)	-0.088*** (0.024)	0.030 (0.023)	-0.086** (0.036)	0.343*** (0.034)	-0.0210** (0.009)	-0.092* (0.050)	-0.154** (0.066)
预防保健服务	-0.020 (0.014)	0.229*** (0.016)	0.150*** (0.014)	0.391*** (0.018)	-0.026*** (0.007)	0.217*** (0.032)	0.119*** (0.027)	0.367*** (0.042)

续表

解释变量	混合横截面 Logit 模型				固定效应 Logit 模型			
	自评健康	慢性病	门诊就诊情况	住院情况	自评健康	慢性病	门诊就诊情况	住院情况
医保参保情况（以无医疗保险为基准组）								
"城居保"	0.080** (0.041)	-0.008 (0.051)	-0.268*** (0.048)	-0.211*** (0.074)	0.118* (0.069)	-0.074** (0.035)	-0.058* (0.034)	0.266*** (0.052)
"城职保"	0.126*** (0.038)	-0.172*** (0.048)	-0.380*** (0.045)	-0.504*** (0.068)	0.139** (0.067)	-0.028*** (0.007)	-0.092* (0.055)	0.270** (0.133)
"新农合"	-0.010 (0.056)	0.209*** (0.070)	0.338*** (0.064)	0.464*** (0.096)	-0.148 (0.104)	0.175 (0.150)	0.415 (0.414)	0.382 (0.254)
其他医保	0.185*** (0.027)	-0.294*** (0.032)	-0.430*** (0.030)	-0.506*** (0.044)	0.125*** (0.046)	-0.387*** (0.065)	0.405*** (0.057)	0.350*** (0.085)
截距项	-0.943*** (0.100)	-3.278*** (0.153)	-2.720*** (0.121)	-4.256*** (0.187)	—	—	—	—
观测值	28301	27234	27507	26019	27476	26835	27163	25264

注：（1） ***、** 和 * 分别表示估计系数在 1%、5%、10% 的统计水平上显著；（2）括号中的数值表示稳健标准误；（3）模型 4 同时也控制了模型 3 中的变量，为了内容简洁和突出重点解释变量，其他控制变量表中并未列出。

（三）异质性分析

为了检验流动行为对个体的健康效应是否存在群体差异，本章依据迁移距离、医保性质、生活环境①以及日均工作时长②等特征对样本进行分组。为了验证关键变量在两组之间的系数是否存在显著差异，我们借鉴连玉君、廖俊平（2017）的处理方法，利用似不相关回归模型（seemingly unrelated

① 根据问卷中的饮用水来源、家庭厕所类型、居室周围是否有粪便等问题进行确定。若其中一项存在污染，即可确认生活环境存在污染。

② 据国家统计局发布的《2015 年农民工监测调查报告》显示，外出农民工的日均工作时长为 8.7 小时。另据北京统计局发布的《新生代农民工工作生活特征分析——基于 2019 年北京农民工市民化监测调查》显示，新生代农民工日均工作时长为 8.9 小时，老一代农民工日均工作时长为 9.1 小时。综合考虑，本章以日均工作时长 9 小时为临界点进行分组。

regression，SUR）分别对每个分类的两组样本进行联合估计，并对组间系数差异的显著性进行检验，具体结果如表 5－7 所示。

表 5－7　　基于似不相关回归模型（SUR）的检验结果

分组类型		(1)	(2)	(3)	(4)
		自评健康	慢性病	门诊就诊情况	住院情况
迁移距离	省内迁移	-0.101 (0.357)	0.163*** (0.025)	0.140 (0.140)	-0.000 (0.184)
	跨省迁移	-0.350*** (0.019)	0.410*** (0.066)	-0.244 (0.049)	-0.268** (0.132)
	P 值	0.023**	0.063*	0.297	0.075*
医保性质	有城镇医保	-0.302*** (0.109)	0.200* (0.120)	0.123 (0.165)	0.237 (0.210)
	无城镇医保	-0.519** (0.265)	1.237** (0.515)	-0.250 (0.463)	-0.968** (0.457)
	P 值	0.953	0.050**	0.472	0.017**
生活环境	无污染	-0.220** (0.097)	0.246* (0.140)	0.131 (0.3250)	-0.182** (0.073)
	有污染	-0.479** (0.223)	1.260* (0.078)	-0.410 (0.322)	0.198 (0.179)
	P 值	0.029**	0.046**	0.271	0.000***
工作时长	不超过 9 小时	-0.298*** (0.088)	0.199 (0.512)	0.084 (0.759)	-0.063 (0.401)
	9 小时以上	-0.445** (0.203)	0.423*** (0.069)	0.100* (0.052)	-0.114* (0.067)
	P 值	0.051*	0.026**	0.075*	0.091*

注：(1) 表中括号（）内为稳健性标准误；(2) ***、**、* 分别表示估计系数在 1%、5%、10% 的统计水平上显著；(3) “P 值”用于检验组间系数差异的显著性；(4) 为了突出重点变量，表中仅报告了核心解释变量的估计结果。

接下来我们就不同的分组回归结果展开讨论。

第一，从迁移距离来看，跨省迁移农民工的自评健康下降幅度和慢性病患病率的上升幅度均显著高于省内迁移劳动力。一方面，迁移距离越远，生活方式、社会环境、地理气候等地域差异越大，生理和心理的不适应极易产生显著的健康弱化效应；另一方面，当前我国的城乡分隔以及区域分隔局面依然存在，导致跨省迁移的农民工无法融入输入地并享受当地的公共服务和社会保障，生病之后无法有效利用医疗卫生资源。两组样本的住院情况指标回归结果刚好印证了这一点。

第二，从医保性质来看，未在城镇当地参加医保的农民工慢性病患病风险相对较高，但是对住院服务的利用却要显著低于参加城镇医保的农民工。这表明由于户籍和地域差异带来的医疗保险报销障碍是造成群体之间医疗卫生资源可及性差异的主要原因。

第三，从生活环境来看，日常生活环境存在污染会显著降低农民工的自评健康，提高其慢性病患病率以及住院概率。为了节约生活成本，农民工多居住在工厂集体宿舍或租住在“城中村”、城乡接合部等城市边缘地带，生活空间狭小、环境卫生较差、生活设施落后，同时也缺乏安全保障。当前背景下，外出农民工很难通过生活环境的改善实现与城镇居民的融合。

第四，从工作时长来看，日均劳动时间超过 9 个小时的受访者健康损失更为显著，同时寻求门诊或住院治疗的可能性也更大。虽然法律规定劳动者每天工作时间一般不超过 8 小时，但据多项调查显示，相当一部分农民工的日均工作时长都在 9 个小时以上，存在严重的劳动超时问题。合法的工作权益和良好的工作条件是促进农民工健康人力资本提升的重要渠道。

（四）稳健性检验

1. 基于倾向得分匹配（PSM）的反事实模拟

图 5 – 1 展示了匹配前后处理组和对照组的倾向得分分布情况。从核密度曲线图可以看出两者的匹配效果较好，在匹配之后两组样本分布形态更为接近，此时可以将两者近似看作来自同一总体的两次随机抽样。接下来我们将基于匹配后的样本，探讨流动行为对个体健康水平的影响。

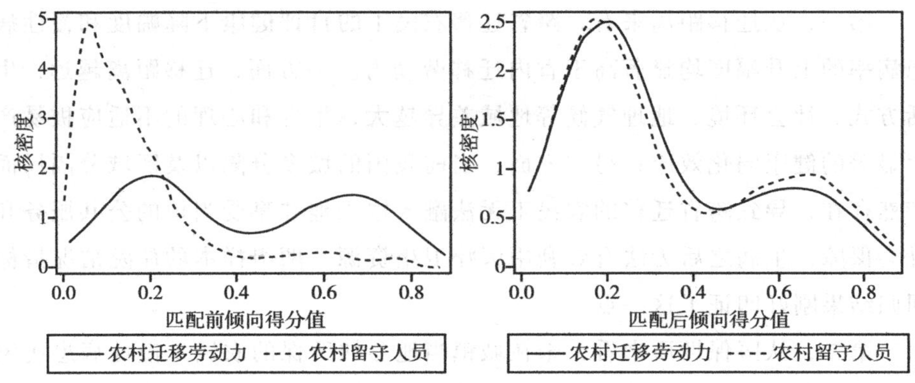

图 5-1 农民工与农村留守人员的倾向得分核密度曲线图

表 5-8 展示了不同匹配方法之下流动行为对个体的健康净效应。平均处理效应（ATT）的结果表明，在剔除了可观测个体因素的异质性之后，流动行为对个体的自评健康有显著的负向效应，并且显著提升了慢性病患病概率。相比较于农村留守人员，门诊的就诊率无显著差异，然而住院率却显著降低。这与前面的研究结论是一致的。

表 5-8 基于不同方法的倾向得分匹配结果

变量	最近邻匹配（1∶4）		半径匹配		核匹配	
	ATT	t 值	ATT	t 值	ATT	t 值
自评健康	-0.561 (0.114)	-4.90***	-0.563 (0.013)	-4.99***	-0.056 (0.012)	-4.80***
慢性病	0.035 (0.010)	3.60***	0.036 (0.009)	3.85***	0.035 (0.010)	3.57***
门诊就诊情况	0.006 (0.008)	0.77	0.007 (0.008)	0.82	0.005 (0.009)	0.58
住院情况	-0.016 0.010	-1.52*	-0.019 (0.009)	-2.17**	-0.016 (0.008)	-1.96*

注：(1) 括号（）内为标准差；(2) ***、**、* 分别表示估计系数在 1%、5%、10% 的统计水平上显著。

2. 工具变量法：双变量 Probit 模型

表 5-9 为利用 2007～2011 年国务院城镇居民基本医疗保险入户调查数

据得到的估计结果。模型1、模型2和模型3分别为BMI指标、自评健康指标和慢性病患病指标的回归结果的边际效应。从各个模型的农民工方程可以看出，工具变量D——“社区居民农民工比例”的系数为正，且均在1%的统计水平上显著。此外，各个模型的相关系数ρ均在1%的统计水平上显著，这表明关键解释变量“是否为农民工”确实存在内生性。

从BMI方程的边际效应可以看出，在控制了其他变量后，农民工的系数为0.077，且在1%的统计水平上显著，这表明与城镇本地居民相比，农民工的身体质量指数正常的概率约高出7.7%，在当前物质条件能够满足的前提下，这可能是由于农民工群体多从事体力劳动所导致的。此外，男性BMI正常的概率显著高于女性。随着年龄的增长，BMI异常的概率逐渐增加，这多与机体代谢能力下降有关。家庭月人均收入水平系数为正，表明家庭收入水平越高，人们BMI正常的概率越高。受教育程度越高，人们的健康意识越强，因此与未受过任何教育的人相比，随着受教育水平的提升，其BMI正常的概率也呈现出显著提高的趋势。参加城居保、城职保的受访者健康状况与未参加医保者相比并无显著差别，而“新农合”、其他医保参保者的健康状况则比不上未参加医保的受访者，这说明可能存在逆向选择或道德风险，即健康状况越差，越有激励参加医疗保险，此外，拥有医疗保险之后，人们的健康维护意识也会下降。

从自评健康方程的边际效应，我们可以发现，与城镇本地居民相比，农民工的自评健康评价为“好”的概率要低5.9%，且在1%的统计水平上显著。男性自评健康显著高于女性，但随着年龄的增加，自评健康也呈现出明显的下降趋势。家庭收入对人们健康的正向影响仍然较为明显。此外，从受教育程度对自评健康的影响结果来看，相对于未受过教育的受访者来说，受教育水平为小学和初中的系数为负，但并不具有统计学显著性，而受教育水平为高中、大学及以上的样本自评健康较好的概率分别高出2.3%、4.7%。其原因可能是：如果受教育水平较低，则不会对受访者的健康产生根本的影响，但是当受教育水平达到一定程度后，一方面会改善家庭的收入和人们的物质生活水平；另一方面会提高人们的健康意识和认知，通过形成良好的生活习惯而改善人们的健康状况。从医疗保险的参保情况来看，相对于无任何医保的人而言，拥有任何形式医疗保险的受访者的自评健康都更差，且在

1%的统计水平上显著，这表明逆向选择或道德风险在这里同样存在。

从慢性病方程的边际效应可以看出，与城镇本地人口相比，农民工的慢性病患病率更低。在日常生活中，男性农民工患慢性病的可能性比女性低1.4%，随着年龄的增加，慢性病患病率呈现出明显的上升趋势。不同受教育程度的系数符号并不统一，但都不具有统计学显著性。此外，从医疗保险参保变量来看，拥有城居保、城职保和其他医疗保险的受访者的系数符号显著为负，但拥有“新农合”的样本符号为正但并不显著，这意味着患慢性病的农村劳动力外出务工的可能性较小，真正的外出务工人员反而是一些身体相对健康的群体。

表5-9　基于双变量Probit模型回归结果的边际效应

解释变量	模型1		模型2		模型3	
	（1）BMI方程	（2）农民工方程	（1）自评健康方程	（2）农民工方程	（1）慢性病方程	（2）农民工方程
农民工	0.077*** (0.018)		-0.059*** (0.017)		-0.027* (0.015)	
社区居民农民工比例		0.351*** (0.008)		0.350*** (0.008)		0.347*** (0.009)
性别	0.078*** (0.003)	0.005*** (0.001)	0.031*** (0.003)	0.005*** (0.001)	-0.014*** (0.003)	0.005*** (0.001)
年龄	-0.004*** (0.001)	-0.003*** (0.000)	-0.011*** (0.001)	-0.004*** (0.000)	-0.030*** (0.001)	-0.003*** (0.000)
log（家庭月人均收入）	0.006** (0.003)	-0.005*** (0.001)	0.060*** (0.002)	-0.005*** (0.001)	-0.015*** (0.002)	-0.005*** (0.001)
受教育程度						
小学	0.045*** (0.007)	0.005** (0.002)	-0.009 (0.007)	0.005* (0.003)	0.003 (0.005)	-0.004 (0.003)
初中	0.073*** (0.007)	0.012*** (0.002)	-0.005 (0.007)	0.012*** (0.003)	0.003 (0.005)	-0.012*** (0.003)
高中	0.091*** (0.007)	0.028*** (0.002)	0.023*** (0.007)	0.031*** (0.003)	-0.005 (0.006)	-0.030*** (0.003)
大学及以上	0.072*** (0.008)	0.036*** (0.002)	0.047*** (0.008)	0.044*** (0.003)	-0.000 (0.006)	-0.043*** (0.003)

续表

解释变量	模型 1		模型 2		模型 3	
	（1）BMI 方程	（2）农民工方程	（1）自评健康方程	（2）农民工方程	（1）慢性病方程	（2）农民工方程
医疗保险参保情况						
“城居保”	-0.001 (0.007)	-0.016*** (0.002)	-0.033*** (0.007)	-0.016*** (0.002)	-0.021*** (0.006)	-0.016*** (0.002)
“城职保”	0.010 (0.007)	-0.037*** (0.002)	-0.026*** (0.006)	-0.037*** (0.002)	-0.019*** (0.005)	-0.037*** (0.002)
“新农合”	-0.037*** (0.012)	0.114*** (0.003)	-0.065*** (0.011)	0.114*** (0.003)	0.001 (0.010)	0.114*** (0.003)
其他医保	-0.015*** (0.005)	-0.006*** (0.002)	-0.023*** (0.005)	-0.007*** (0.002)	-0.039*** (0.004)	-0.007*** (0.002)
ρ	0.095*** (0.024)		-0.144*** (0.024)		-0.102*** (0.020)	
观测值	109861	109861	109735	109735	108599	108599

注：（1）表中括号（）内为稳健性标准误；（2）***、**、*分别表示估计系数在1%、5%、10%的统计水平上显著；（3）除上述变量之外，我们还控制了受访者的工作性质、婚姻状况、年份和城市虚拟变量；（4）ρ 的显著性水平由对 ρ=0 假设的 wald 检验得到。

通过更换数据和计量模型的估计结果表明，与城镇居民相比，除了 BMI 指标之外，农民工的自评健康水平显著更低，慢性病患病率显著更高。这一结果与前面基准模型的回归结果是一致的，表明了上述结论的稳健性。

四、本章小结

从近年中国的情况来看，转移到城镇的农村剩余劳动力数量增长迅速，但是由于现有的户籍制度壁垒，导致外来农民工无法与城镇本地居民一样享受稳定的社会保障和健康福利。作为城市经济建设的中坚力量，他们的健康状况在很大程度上决定了他们对城市经济的贡献水平，同时也决定了他们对当地医疗服务提供者和社会福利项目造成的负担，以及对公共健康和卫生设施的潜在危害。本章能够帮助我们更好地理解农民工流动对城乡居民健康差异的影响机制，找出造成农民工健康损耗的根本原因。

在利用固定效应 Logit 模型剔除健康选择效应之后，结果显示，农民工流动对其健康不仅会产生消极效应，还有可能产生正向的积极效应。流动对群体健康的消极效应反映在以下几个方面：第一，在输入地城市，农民工的工作性质、工作时长等会增加其慢性病患病风险；第二，农民工居住环境的“边缘化”和生活方式等的变化会给其健康带来显著的负面效应；第三，农民工在输入地的融入过程会带来其心理和生理上的适应障碍，容易导致受访者借助于抽烟、喝酒等不良的健康行为进行消解，不利于健康人力资本积累；第四，社会医疗保险的异地报销与转移接续障碍，会降低农民工的医疗服务可及性，增加其医疗成本，长期来看，会加速劳动力的健康损耗。流动经历可能会通过改变农村劳动力的社会经济资源等而对其产生积极效应：第一，相对于农村留守人员来说，随着劳动产业由农业转变为工商业，农村劳动力向城镇迁移会在一定程度上提高其边际生产率，进而提高其收入水平，而收入对受访者的健康会产生显著的保护作用；第二，随着从农村到城镇的融入历程，城镇居民的示范效应会促进农民工提高锻炼频率，增加预防保健服务利用次数，这在一定程度上会促进受访者健康水平的提升。在剔除了选择偏误之后，我们发现流动经历对农民工健康的消极影响超过了积极影响。利用倾向得分匹配法（PSM）和工具变量法的估计结果再次证实了上述结论的稳健性。

分析结果表明，农村劳动力流动过程中同时存在“健康选择效应”与“健康损耗效应”，两者共同作用直接对城乡居民的健康差异产生影响。使处于不同健康状态的居民在城乡之间重新分布，一方面降低了农村居民的平均健康水平，另一方面相对提升了城镇居民的平均健康水平。在当前城乡分割的背景下，大规模的农村劳动力流动会将一部分健康风险和疾病负担转移给农村地区，这不仅不利于农村居民生活质量的提高，还会进一步加剧城乡的卫生资源配置不均衡，限制农村社会经济的发展。

基于上述分析，改善农民工的健康状况，缩小城乡居民的健康差异，可以从以下方面入手：首先，推进户籍制度改革，缩小区域差异和城乡差异，使农村劳动力能够享受公平的、全面的公共服务和保障，免除其后顾之忧；其次，改善农民工的工作环境，加强工作安全保护，改善居住环境和条件；最后，尽快消除农民工的医保异地报销限制，或者将其纳入城镇本地的医保体系。尽管目前跨地区的医保结算平台已经建立，然而，多数地区仍存在结算系统差错频繁、报销手续烦琐等问题，这些均不利于患者异地就医结算。

| 第六章 |

农民工流动对心理健康的影响

——对“健康损耗效应”的检验（Ⅱ）

一、问题的提出

随着社会经济水平的发展，人们的健康需求也在不断提升，对健康的内涵和外延也有了更全面的认识。根据世界卫生组织（WHO）的阐释，健康不仅是指一个人身体是否呈现疾病或虚弱状态，而应该是生理、心理和社会状态完好的综合体现，这是目前关于健康较为权威和完整的界定。其中，生理健康与心理健康相辅相成，心理健康问题会在不同程度上导致各种生理健康问题。健康状况的好坏不仅会对农民工的个人和家庭至关重要，还会对整个宏观经济的发展产生直接的影响。与生理健康不同，人们对心理健康这一隐性人力资本的认知还较为片面。作为一个弱势群体，农民工的心理健康问题通常更容易被人忽视。由于较强的流动性、户籍制度壁垒以及社会融合程度低等因素，使农民工与城镇本地人口的社会经济地位悬殊，缺乏归属感，加之职业类型、工作和居住环境、生活压力等的差异，导致农民工的生活理念容易出现偏差，容易出现焦虑抑郁等心理问题，幸福感较低。与生理健康状态的客观性和可观测性不同，由于这些心理健康障碍具有较强的隐蔽性，往往更容易被忽视，亦缺乏足够的社会支持。

农村流动人口的持续增加使“健康中国”建设、公共卫生政策制定面临着巨大的挑战。在农民工数量日益增加的背景下，如何根据该群体的特点提升其心理健康水平，进而提升其隐性健康人力资本？如何补齐这一短板进而促进全民健康战略的实现？本书试图通过相应的实证分析就农民工流动对其心理健康的影响展开探讨。

二、研究设计

（一）数据选取及样本筛选

本章主要使用2008～2009年的中印农民工调查数据（RUMIC）。该数据由澳大利亚国立大学、北京师范大学与劳动关系协会（IZA）共同搜集，分为城镇住户调查、农村住户调查和外来务工人员调查三个数据库。此外，该调查选取的地点包括安徽、重庆、广东、河北、河南、湖北、江苏、四川和浙江九个具有代表性的省市，分别代表了中国的东西南北四个区域，涉及5000户家庭。调查内容广泛，包括个人和家庭两个层面的信息，如个人的职业、受教育程度、婚姻状况、性格和精神情况、家庭人口规模、家庭的收支和资产情况等。虽然近几年出台了一些关于改善农民工条件的政策措施，但是由于这一群体人数众多，各地情况差异较大，改革进程较为缓慢。加上关键的户籍制度分隔在短期内很难发生根本性的转变，因此借助于该数据的研究仍有较强的现实意义。根据本书的研究目标，本章选取城镇住户和外来务工人员两部分调查数据。根据农民工的特征，本章把研究对象限定在16岁以上的受访者，并且剔除了学生身份的受访者。

（二）变量设置及其描述性统计

本章所选取的心理健康指标主要包括自我肯定指标、忧虑抑郁指标以及其他指标，各指标所包含的变量及其定义如表6－1中Panel A所示。另外，本章所选取的控制变量及其定义如表6－1中Panel B所示。

表 6－1　　　　变量定义

<table>
<tr><td colspan="3">Panel A：被解释变量</td></tr>
<tr><td rowspan="3">自我肯定指标</td><td>自信程度</td><td>经常对自己缺乏信心 =1，否则 =0</td></tr>
<tr><td>自我价值认同程度</td><td>经常觉得自己没价值 =1，否则 =0</td></tr>
<tr><td>逃避困难程度</td><td>遇到困难和问题经常逃避 =1，否则 =0</td></tr>
<tr><td rowspan="3">忧虑抑郁指标</td><td>忧虑程度</td><td>经常感到忧虑 =1，否则 =0</td></tr>
<tr><td>精神压力程度</td><td>经常觉得精神有压力 =1，否则 =0</td></tr>
<tr><td>抑郁程度</td><td>经常感到郁闷或抑郁 =1，否则 =0</td></tr>
<tr><td rowspan="2">其他指标</td><td>幸福感</td><td>觉得日常生活幸福 =1，否则 =0</td></tr>
<tr><td>生活态度</td><td>经常觉得生活没意思 =1，否则 =0</td></tr>
<tr><td colspan="3">Panel B：解释变量</td></tr>
<tr><td colspan="2">农民工</td><td>是 =1，否 =0</td></tr>
<tr><td colspan="2">年龄</td><td>周岁</td></tr>
<tr><td colspan="2">性别</td><td>男性 =1，女性 =0</td></tr>
<tr><td colspan="2">家庭月人均收入</td><td>家庭月收入/家庭人口数</td></tr>
<tr><td colspan="2">受教育程度</td><td>包括小学及以下、初中、高中、大学及以上四个维度</td></tr>
<tr><td colspan="2">工作性质</td><td>包括正式工、临时工、其他工作者、无业四个维度</td></tr>
<tr><td colspan="2">婚姻状况</td><td>包括已婚、离异或丧偶、同居、单身四个维度</td></tr>
</table>

此外，为了防止地区差异以及年份变动对估计结果可能产生有偏影响，还控制了城市和年份变量的固定效应。

主要相关变量的均值和标准差如表 6－2 所示。在本章选取的样本中，流动人口约占 40.1%。根据选取的心理健康衡量指标可以看出，农民工的自我肯定指标、忧虑抑郁指标呈现出的心理健康程度均差于城镇本地居民。此外，农民工的幸福感程度和生活态度指标也呈现一定的劣势。从年龄构成上来看，农民工普遍较为年轻，人均年龄约为 31.2 岁，远低于城镇本地居民的 47.6 岁。从家庭收入水平来看，本地居民家庭的月人均收入要比农民工家庭约高出 178 元，这多是由于工作性质差异所导致的。此外，我们发现，农民工的受教育程度较低，多集中在初中及以下学历段，而城镇本地居民受过高等教育的比例则明显高于农民工。

表 6-2　　主要变量的样本均值及标准差

变量	总样本		农民工		本地居民	
	均值	标准差	均值	标准差	均值	标准差
自我肯定指标						
自信程度	0.433	0.495	0.439	0.496	0.429	0.495
自我价值认同程度	0.344	0.475	0.345	0.475	0.344	0.475
逃避困难程度	0.117	0.322	0.125	0.331	0.112	0.316
忧虑抑郁指标						
忧虑程度	0.931	0.254	0.943	0.233	0.922	0.267
精神压力程度	0.102	0.302	0.103	0.304	0.100	0.301
抑郁程度	0.542	0.498	0.561	0.496	0.529	0.499
其他指标						
幸福感	0.316	0.465	0.313	0.464	0.318	0.466
生活态度	0.885	0.318	0.902	0.298	0.874	0.332
年龄	41.628	15.376	31.170	10.438	47.603	13.116
性别	0.496	0.500	0.597	0.491	0.424	0.494
家庭月人均收入（单位：元）	1471.741	1280.924	1341.878	931.999	1520.041	1487.980
受教育程度						
小学及以下	0.144	0.434	0.146	0.353	0.143	0.490
初中	0.354	0.494	0.532	0.499	0.235	0.490
高中	0.303	0.436	0.271	0.444	0.325	0.431
大学及以上	0.198	0.337	0.051	0.220	0.296	0.416
样本量	25198		10115		10583	

上述分析仅是对一些关键变量的简单描述，而在控制了其他变量的影响之后，农民工与城镇本地人口的各种心理健康指标差异如何，本章接下来将会对这些问题展开进一步探讨。

（三）模型设定

用 i 表示个体，j 表示家庭，t 表示年份，假定个人的心理健康状况由下述方程决定：

$$Mental_{ijt} = H'_{jt}\beta_1 + X'_{it}\beta_2 + migrant_{ijt}\alpha + u_{ijt} \tag{6-1}$$

其中，因变量 $Mental_{ijt}$ 表示家庭 j 中的个体 i 在 t 年的心理健康状况，H_{jt} 和 X_{it} 分别表示家庭和个体特征，$migrant_{ijt}$ 表示个体的流动状态，如果在外流动，则赋值为 1，否则赋值为 0。家庭特征 H_{jt} 中包括家庭的人均收入，个体特征 X_{it} 中包括性别、年龄、婚姻状况、受教育程度、工作性质。u_{ijt} 代表了影响个人心理健康状况其他的未观测到的因素，这个模型中我们感兴趣的变量系数是 α。

若不存在逆向选择偏误和反向因果效应，也不存在能够同时影响心理健康和流动决策的未观测到的因素，则可以认为个人的流动决策是外生的，此时直接对 Probit 方程进行估计即可得到一致性估计和无偏的标准差。然而，作为人力资本的重要衡量指标之一，心理健康显然会影响农村人口的迁移，人口的流动决策可能是逆向选择偏误的结果。因此，估计结果可能存在有偏和不一致的情况。

根据本书的研究设想，拟采用双变量 Probit 模型来解决上述模型中的内生性问题。具体设定如下：

$$Mental_{ijt}^{*} = X_1\beta_1 + migrant_{ijt}\alpha + \varepsilon_1 \tag{6-2}$$

$$migrant_{ijt}^{*} = X_2\beta_2 + \gamma \times I + \varepsilon_2 \tag{6-3}$$

$$\left(\begin{matrix}\varepsilon_1\\ \varepsilon_2\end{matrix}\middle| X_1,\ X_2\right) \sim N\left[\begin{pmatrix}0\\0\end{pmatrix},\ \begin{pmatrix}1 & \rho\\ \rho & 1\end{pmatrix}\right] \tag{6-4}$$

定义式（6-2）为模型 1，式（6-3）为模型 2。其中，$Mental_{ijt}^{*}$ 为心理健康衡量指标，包括自我肯定指标、忧虑抑郁指标以及其他的心理健康指标。

在该模型中，变量 $migrant_{ijt}$ 表示受访者是否为农民工。若 $migrant_{ijt}^{*} > 0$，则定义 $migrant_{ijt} = 1$，否则定义 $migrant_{ijt} = 0$。式（6-2）中，系数 α 表示农民工与本地城镇居民的心理健康状况差异。此外，ε_1、ε_2 服从二元联合正态分布，而 Corr（ε_1，ε_2）$= \rho$ 表示两者之间的相关系数，参数 ρ 表示变量 $migrant_{ijt}$ 和 $Mental_{ijt}$ 的相关性，若该参数具有统计学显著性，则可以说明关键解释变量 $migrant_{ijt}$ 具有内生性。若该参数不具有统计学显著性，则该模型相当于分别对两个 Probit 方程进行独立的估计，在满足大样本的条件下，最终的估计结果仍然是一致的。对于变量 $migrant_{ijt}$ 可能存在的内生性问题，本章将通过选取合适的工具变量来纠正潜在的估计偏误。在一些研究当中，曾有学者选取区域性指标作为个体变量的工具变量（Bhattacharya et al.，2003；Pan et al.，2012）。由于决策的同群效应（peer group effect），同一群体中其他个体的流动决策会对个人的流动偏好产生影响。基于此，我们可以认为社区的农民工比例与个人的流动状态密切相关。因此，我们选取“社区居民农民工比例”（变量 I）作为内生解释变量“是否为农民工”（变量 $migrant_{ijt}$）的工具变量。在此基础上，我们就人口流动对心理健康影响的因果效应做出准确估计。社区居民农民工比例可依年份按照如下公式计算：

$$proportion_{ct} = \frac{1}{n}\sum_{i=1}^{n} migrant_{cit} \tag{6-5}$$

其中，i 表示个人，c 表示社区，n 表示社区 c 的居民数量，$proportion_{ct}$ 表示社区 c 在 t 年的农民工比例，我们将选择变量 $proportion_{ct}$ 作为个人流动决策的工具变量。

在式（6-2）中，X_1 包括除变量 $migrant_{ijt}$ 外其他可能影响受访者心理健康指标的家庭变量和个体变量，如家庭月人均收入、年龄、性别、受教育程度、工作状况、婚姻状况等。在式（6-3）中，X_2 包括除社区农民工比例之外可能会影响受访者成为农民工的其他家庭变量和个体变量，如家庭收入水平、年龄、性别、受教育程度、婚姻状况等。

为了使模型中解释变量的系数更具有解释力，我们需要对其边际效应进行估算，具体计算方法将遵循下述逻辑进行。

由于双变量 Probit 模型的自身特性，解释变量对受访者的心理健康指标的影响可能会通过两种路径实现：直接影响（在模型 1 中）和间接影响（在模型 2 中）。因此，若要准确地计算各个变量的边际效应，必须考虑到模型 1 和模型 2 的内在相关性。在此之前，我们首先要对各项心理健康指标的条件期望做如下分解：

$$\begin{aligned}
E(mental_{ijt} \mid X) &= P(mental_{ijt} = 1 \mid X \\
&= P(migrant_{ijt} = 1 \mid X) \times P(mental_{ijt} = 1 \mid migrant_{ijt} = 1, X) \\
&\quad + P(migrant_{ijt} = 0 \mid X) \times P(mental_{ijt} = 1 \mid migrant_{ijt} = 0, X) \\
&= P(mental_{ijt} = 1, migrant_{ijt} = 1 \mid X) + P(mental_{ijt} = 1, \\
&\quad migrant_{ijt} = 0 \mid X) \\
&= \Phi_2(X_1\beta_1 + \gamma, X_2^*\beta_2^*, \rho) + \Phi_2(X_1\beta_1, -X_2^*\beta_2^*, -\rho)
\end{aligned} \tag{6-6}$$

其中，X 为所有相关解释变量的集合，Φ_2（·）为二元联合正态分布的累积分布函数。在该模型中，对于不同类型的变量，如连续变量和二元变量，其边际效应的计算方法存在差异，因此我们将分别对两类变量的边际效应进行计算。

首先，计算连续变量的边际效应。对于连续变量 x_i，可将其边际效应表示如下：

$$\begin{aligned}ME_i &= \partial\{E(mental_{ijt}|X)\}/\partial x_i\\&= \partial\{\Phi_2(X_1\beta_1+\gamma, X_2^*\beta_2^*, \rho)+\Phi_2(X_1\beta_1, -X_2^*\beta_2^*, -\rho)\}/\partial x_i\\&= \left\{\varphi(X_1\beta_1+\gamma)\Phi\left[\frac{X_2^*\beta_2^*-\rho(X_1\beta_1+\gamma)}{\sqrt{1-\rho^2}}\right]+\varphi(X_1\beta_1)\Phi\left[\frac{\rho X_1\beta_1-X_2^*\beta_2^*}{\sqrt{1-\rho^2}}\right]\right\}/\beta_{1i}\\&\quad+\left\{\varphi(X_2^*\beta_2^*)\Phi\left[\frac{X_1\beta_1+\gamma-\rho X_2^*\beta_2^*}{\sqrt{1-\rho^2}}\right]-\varphi(X_2^*\beta_2^*)\Phi\left[\frac{X_1\beta_1-\rho X_2^*\beta_2^*}{\sqrt{1-\rho^2}}\right]\right\}/\beta_{2i}\end{aligned} \tag{6-7}$$

其中，φ（·）表示标准正态分布的概率密度函数，Φ（·）表示标准正态分布的累积分布函数。此外，β_{1i} 和 β_{2i} 分别表示双变量 Probit 模型中方程 1 和方程 2 的连续解释变量 x_i 的系数，若变量 x_i 只出现在方程 1 中，则有 $\beta_{2i}=0$；若变量 x_i 只出现在方程 2 中，则有 $\beta_{1i}=0$。

其次，计算二元变量的边际效应。对于二元解释变量 x_j，其边际效应计算过程如下：

$$\begin{aligned}ME_j &= E(mental_{ijt}|X, x_j=1)-E(mental_{ijt}|X, x_j=0)\\&= \{\Phi_2(X_1\beta_1+\gamma, X_2^*\beta_2^*, \rho)+\Phi_2(X_1\beta_1, -X_2^*\beta_2^*, -\rho)\}\Big|_{x_j=0}^{x_j=1}\end{aligned} \tag{6-8}$$

对于内生二元变量 $migrant_{ijt}$，其边际效应可表示如下：

$$\begin{aligned}ME_{mental_{ijt}} &= E(mental_{ijt}|migrant_{ijt}=1, X)-E(mental_{ijt}|migrant_{ijt}=0, X)\\&= \Phi(X_1\beta_1+\gamma)-\Phi(X_1\beta_1)\end{aligned} \tag{6-9}$$

同时，社区居民农民工比例对受访个体流动决策影响的边际效应可表示如下：

$$\begin{aligned}ME_I &= E(migrant_{ijt}|I=1, X_2)-E(migrant_{ijt}|I=0, X_2)\\&= \Phi(X_2\beta_2+\alpha)-\Phi(X_2\beta_2)\end{aligned} \tag{6-10}$$

三、实证结果与分析

（一）自我肯定指标的估计结果与边际效应

对各项自我肯定指标进行双变量 Probit 估计，表 6 – 3 中的模型 1 和模型 2 给出了基本回归结果。

从模型 1 的结果来看，保持其他条件不变的情况下，农民工的系数为正，且均在 1% 的水平上显著。这表明，相对于城镇本地居民而言，农民工往往更容易缺乏自信，对自身的价值定位通常较低，遇到困难和问题时有更强的逃避倾向。国家统计局发布的《全国农民工监测调查报告》显示，中国农民工 80% 以上会流入中大型城市，农民工在输入地城市通常社会融入程度很低，与城镇本地人口相比社会经济地位落差较大，会造成心理上的倾斜。但是随着年龄的增加，农民工的自我肯定指标有改善的倾向。相对于男性农民工来说，其自我肯定指标要显著女性，并且这一结果在 1% 的水平上显著。随着家庭收入的增加，受访者的自信心程度和自身价值定位均会显著提升。对于逃避困难程度来说，家庭收入的系数符号为负，但这一结果并不显著。

接着我们来探讨模型 2 的回归结果。如前所述，针对可能存在的内生性问题，本章拟选取合适的工具变量来加以解决。从模型 2 的估计结果可以看出，社区居民农民工比例的系数均显著为正，这表明农民工的流动决策存在同群效应。年龄越大，农民工外出的可能性越小，这与现实中农民工普遍年轻化的结论是一致的。如果受访者为男性，其选择外出务工的倾向更高。在中国的农村地区，“男主外，女主内”的传统思想仍然普遍存在，男性往往是家庭的主要收入来源，且其收入通常高于女性。此外，家庭月人均收入越低，对农村劳动力外出务工的引导效应越强。Duesenberry（1949）提出的相对收入假说可以在一定程度上解释这一结论。家庭相对收入越低，其生活压力越大，在其他条件不变的情况下，则他们寻求外出务工改变现状的意愿就强。

表 6-3　　自我肯定指标的基本回归结果

解释变量	(1) 自信程度		(2) 自我价值认同程度		(3) 逃避困难程度	
	模型 1	模型 2	模型 1	模型 2	模型 1	模型 2
农民工	0.167*** (0.027)	—	0.333*** (0.059)	—	0.232*** (0.083)	—
社区居民农民工比例	—	1.560** (0.758)	—	3.044*** (0.241)	—	2.157*** (0.226)
年龄	-0.005* (0.003)	-0.046*** (0.005)	-0.008** (0.004)	-0.121*** (0.007)	-0.020*** (0.005)	-0.049*** (0.006)
性别	-0.191*** (0.017)	0.357*** (0.025)	-0.089*** (0.018)	0.324*** (0.027)	-0.166*** (0.022)	0.376*** (0.024)
log（家庭月人均收入）	-0.048*** (0.010)	-1.131*** (0.018)	-0.039*** (0.014)	-1.022*** (0.017)	-0.001 (0.017)	-0.788*** (0.012)
常数项	0.395*** (0.093)	-6.894*** (0.174)	-0.185* (0.109)	-6.341*** (0.170)	-0.277** (0.124)	-4.058*** (0.138)
ρ	0.144*** (0.032)	0.144*** (0.032)	0.154*** (0.053)	0.154*** (0.053)	0.122** (0.053)	0.122** (0.053)
样本量	25155	25155	25198	25198	25213	25213

注：(1) 表中括号 () 内为稳健性标准误；(2) ***、**、* 分别表示估计系数在 1%、5%、10% 的统计水平上显著；(3) 除了表中列出的解释变量之外，我们还控制了受访者的受教育水平、工作性质、婚姻状况、年份和城市虚拟变量；(4) ρ 的显著性水平由对 ρ=0 假设的 wald 检验得到。

最后我们可以看出，随机扰动项 ε_1、ε_2 的相关系数 ρ 分别为 0.144、0.154、0.122，且分别在 10% 和 5% 的统计水平上显著，这印证了关键解释变量“是否为农民工”确实存在内生性，且与受访者的自我肯定指标正相关。这意味着，农民工缺乏自信心的可能性更高，并且更容易否定自己的存在价值，遇到困难和问题有更强的逃避倾向。

表 6-4 为各项自我肯定指标回归结果的边际效应。在剔除内生性的影响之后，模型 1 的结果表明，控制了其他各相关变量后，与城镇本地居民相比，农民工缺乏自信的比例要高出 6.5%，否定自我价值的倾向则高出 12%，逃避困难倾向高出 4.6%。男性各项指标的概率比女性分别低了 7.4%、3.2%、3.3%。此外，年龄和家庭月人均收入对各项指标影响的边际效应较小。从模型 2 的结果可以看出，社区居民农民工比例对农民工的流动决策的影响均超过 20%，甚至可能高达 40% 以上。

表 6-4　　自我肯定指标的边际效应

解释变量	(1) 自信程度		(2) 自我价值认同程度		(3) 逃避困难程度	
	模型 1	模型 2	模型 1	模型 2	模型 1	模型 2
农民工	0.065*** (0.011)	—	0.120*** (0.021)	—	0.046*** (0.017)	—
社区居民农民工比例	—	0.219** (0.106)	—	0.414*** (0.032)	—	0.346*** (0.036)
年龄	-0.002* (0.001)	-0.006*** (0.001)	-0.003** (0.001)	-0.016*** (0.001)	-0.004*** (0.001)	-0.008*** (0.001)
性别	-0.074*** (0.006)	0.050*** (0.003)	-0.032*** (0.006)	0.044*** (0.004)	-0.033*** (0.004)	0.060*** (0.004)
log（家庭月人均收入）	-0.019*** (0.004)	-0.159*** (0.002)	-0.014*** (0.005)	-0.139*** (0.001)	-0.000 (0.003)	-0.126*** (0.001)
样本量	25155	25155	25198	25198	25213	25213

注：(1) 表中括号 ( ) 内为稳健性标准误；(2) ***、**、*分别表示估计系数在1%、5%、10%的统计水平上显著；(3) 除了表中列出的解释变量之外，我们还控制了受访者的受教育水平、工作性质、婚姻状况、年份和城市虚拟变量。

（二）忧虑抑郁指标的估计结果与边际效应

表 6-5 为各项忧虑抑郁指标的基本回归结果，从模型 1 的结果可以看出，流动决策对忧虑程度和抑郁程度均呈正向影响，且在 1% 的统计水平上显著。此外，农民工的精神压力也显著高于城镇本地居民。随着年龄的提升，农民工的精神压力越来越大，抑郁倾向逐渐提升，并且这一结果具有统计学显著性。这可能是由于人到中年之后，家庭的负担加重，工作压力提升，导致受访者的心理和精神状态逐渐恶化。但是对于忧虑程度指标来说，年龄变量的系数虽然为正，但统计上并不显著。与女性受访者相比，男性受访者的精神压力较大，但这一结果并不显著。而男性的忧虑倾向和抑郁倾向却显著低于女性。在中国的传统家庭中，男性通常充当顶梁柱的角色，相比女性来说，承担的家庭负担往往更重，因此相对更容易产生精神压力。另外，男性通常做事不拘小节，心胸也更为豁达，因此与女性相比出现抑郁和忧虑的概率更低。此外，家庭人均收入水平的增加对各项忧虑抑郁指标有显

著的抑制倾向。模型2的结果表明了各个变量对流动决策的影响情况，并且两个Probit方程随机扰动项的相关系数为正，在1%的统计水平上显著，农民工的流动决策确实存在内生性，且与各项忧虑抑郁指标正相关。

表6－5　忧虑抑郁指标的基本回归结果

解释变量	（1）忧虑程度		（2）精神压力程度		（3）抑郁程度	
	模型1	模型2	模型1	模型2	模型1	模型2
农民工	0.288*** （0.078）	—	0.135** （0.060）	—	0.111** （0.049）	—
社区农民工比例	—	3.033*** （0.241）	—	3.059*** （0.241）	—	3.064*** （0.241）
年龄	0.002 （0.006）	－0.121*** （0.007）	0.013** （0.006）	－0.121*** （0.007）	0.005* （0.003）	－0.116*** （0.006）
性别	－0.180*** （0.027）	0.323*** （0.027）	0.019 （0.023）	0.325*** （0.027）	－0.106*** （0.017）	0.322*** （0.027）
log（家庭月人均收入）	－0.045** （0.019）	－1.022*** （0.017）	－0.041*** （0.012）	－1.022*** （0.017）	－0.022** （0.009）	－1.021*** （0.017）
常数项	1.265*** （0.152）	－6.347*** （0.170）	－1.747*** （0.128）	－6.336*** （0.170）	0.195** （0.080）	－6.379*** （0.165）
ρ	0.124*** （0.046）	0.124*** （0.046）	0.154*** （0.040）	0.154*** （0.040）	0.084*** （0.031）	0.084*** （0.031）
样本量	25193	25193	25198	25198	25203	25203

注：（1）表中括号（）内为稳健性标准误；（2）***、**、*分别表示估计系数在1%、5%、10%的统计水平上显著；（3）除了表中列出的解释变量之外，我们还控制了受访者的受教育水平、工作性质、婚姻状况、年份和城市虚拟变量；（4）ρ的显著性水平由对ρ=0假设的wald检验得到。

根据表6－6报告的各项忧虑抑郁指标的边际效应，与城镇本地人口相比，农民工的忧虑倾向要高出3.7%，精神压力倾向高出2.4%，抑郁倾向高出4.4%。此外，年龄每增加一岁，精神压力倾向平均提高0.2%，抑郁倾向平均提高2%。男性的忧虑和抑郁倾向分别比女性高出2.3%、4.2%。家庭月人均收入每提高1%，受访者的各项指标将分别下降0.006%、0.007%和0.009%。此外，模型2的边际效应结果表明，社区居民农民工比例对农民工流动决策的影响超过了41%。

表 6-6　忧虑抑郁指标的边际效应

解释变量	(1) 忧虑程度		(2) 精神压力程度		(3) 抑郁程度	
	模型 1	模型 2	模型 1	模型 2	模型 1	模型 2
农民工	0.037*** (0.010)	—	0.024** (0.011)	—	0.044** (0.019)	—
社区居民农民工比例	—	0.412*** (0.032)	—	0.416*** (0.032)	—	0.417*** (0.032)
年龄	0.000 (0.001)	-0.016*** (0.001)	0.002** (0.001)	-0.016*** (0.001)	0.002* (0.001)	-0.016*** (0.001)
性别	-0.023*** (0.003)	0.044*** (0.004)	0.003 (0.004)	0.044*** (0.004)	-0.042*** (0.007)	0.044*** (0.004)
log（家庭月人均收入）	-0.006** (0.002)	-0.139*** (0.001)	-0.007*** (0.002)	-0.139*** (0.001)	-0.009** (0.003)	-0.139*** (0.001)
样本量	25193	25193	25198	25198	25203	25203

注：(1) 表中括号 () 内为稳健性标准误；(2) ***、**、* 分别表示估计系数在 1%、5%、10% 的统计水平上显著；(3) 除了表中列出的解释变量之外，我们还控制了受访者的受教育水平、工作性质、婚姻状况、年份和城市虚拟变量。

（三）其他指标的估计结果与边际效应

表 6-7 和表 6-8 分别报告了幸福感和生活态度两项指标的基本回归结果和边际效应。从表 6-7 中的基本回归结果来看，农民工的幸福感程度显著低于城镇居民，更容易缺乏对于生活的兴趣，这两个结果均在 1% 的水平上显著。社会隔离理论认为，人口流动会导致孤独感、疏离感，以及在输入地的去社会化（Kuo，1976）。根据该理论，农民工背井离乡，且往往与家庭长期隔离，与城镇人口的差异导致他们无法融入输入地城市，缺乏归属感，这会在很大程度上影响他们的幸福感和生活热情。而且随着年龄的增加，幸福感会逐渐下降，生活态度也会越来越消极。此外，男性的生活态度要优于女性，但两者的幸福感并无显著差异。随着家庭收入水平的提升，受访者的幸福感程度和生活态度有逐渐好转的倾向。同样，ρ 的值显著为正，表明关键解释变量存在内生性问题。

表 6－7　　　　　　　其他指标的基本回归结果

解释变量	（1）幸福感		（2）生活态度	
	模型 1	模型 2	模型 1	模型 2
农民工	−0.245*** （0.082）	—	−0.220*** （0.072）	—
社区居民农民工比例	—	3.613*** （0.529）	—	2.791*** （0.235）
年龄	−0.034*** （0.004）	−0.040*** （0.014）	−0.018*** （0.004）	−0.056*** （0.007）
性别	−0.008 （0.018）	0.295*** （0.053）	0.060*** （0.023）	0.358*** （0.025）
log（家庭月人均收入）	0.018* （0.010）	−0.956*** （0.037）	0.001 （0.013）	−1.033*** （0.016）
常数项	0.031 （0.117）	−6.232*** （0.370）	0.825*** （0.141）	−5.877*** （0.172）
ρ	−0.121*** （0.035）	−0.121*** （0.035）	−0.089* （0.046）	−0.089* （0.046）
样本量	25150	25150	25166	25166

注：（1）表中括号（）内为稳健性标准误；（2）***、**、*分别表示估计系数在 1%、5%、10% 的统计水平上显著；（3）除了表中列出的解释变量之外，我们还控制了受访者的受教育水平、工作性质、婚姻状况、年份和城市虚拟变量；（4）ρ 的显著性水平由对 ρ＝0 假设的 wald 检验得到。

表 6－8　　　　　　　其他指标的边际效应

解释变量	（1）幸福感		（2）生活态度	
	模型 1	模型 2	模型 1	模型 2
农民工	−0.086*** （0.029）	—	−0.040*** （0.013）	—
社区居民农民工比例	—	0.106*** （0.015）	—	0.415*** （0.035）
年龄	−0.012*** （0.001）	−0.001*** （0.000）	−0.003*** （0.001）	−0.008*** （0.001）
性别	−0.003 （0.006）	0.009*** （0.002）	0.011*** （0.004）	0.053*** （0.004）
log（家庭月人均收入）	0.006* （0.004）	−0.028*** （0.001）	0.000 （0.002）	−0.154*** （0.002）
样本量	25150	25150	25166	25166

注：（1）表中括号（）内为稳健性标准误；（2）***、**、*分别表示估计系数在 1%、5%、10% 的统计水平上显著；（3）除了表中列出的解释变量之外，我们还控制了受访者的受教育水平、工作性质、婚姻状况、年份和城市虚拟变量。

从边际效应的计算结果来看，农民工的幸福感程度比城镇居民低 8.6%，生活态度积极性比城镇人口低 4%。随着年龄每增加 1 岁，农民工的幸福感约下降 1.2%，生活态度积极性约下降 0.3%。相对于女性来说，男性的生活态度积极性要高出 1.1%。

四、本章小结

作为健康衡量指标的一个有机组成部分，心理健康同样是健康人力资本的一个重要方面，但由于其隐蔽性，却往往容易被人忽视。近年来，中国城镇的农民工流入数量持续增长，但是由于户籍制度壁垒，社会融入程度较低，加之社会经济地位差异，长期与家人分离，使农民工普遍缺乏归属感，进而会影响到他们的心理健康。作为城市经济建设的重要参与者，农民工的健康人力资本对于宏观经济发展和健康中国战略的实现均具有特殊的意义。

本章利用双变量 Probit 模型对农民工的流动决策与心理健康的关系进行了实证研究。结果表明，在控制了变量的内生性之后，与城镇本地人口相比，农民工的心理健康状态更差，并且这一结果具有统计学显著性。此外，农民工的流动决策存在同群效应。外出的农民工平均年龄远远低于城镇本地人口，呈现出年轻化态势，这意味着这一群体正是推动经济建设的主力军。这就要求我们从各个方面改善外出农民工的生活和就业条件，提高公共服务可及性，缩小他们与城镇人口的差异，提升社会地位，为农民工的劳动做出全面保障，免除其后顾之忧。

综上所述，作为中国社会的一个主体部分，农民工这一弱势群体尤其需要更多的社会关注。如果能够更好地理解农民工心理健康及其对输入地城市经济发展和社会福利的影响，那么就可以有效地推进相关制度和公共服务改革，补齐农民工健康这一短板。为了实现“健康中国”战略，促进人口健康发展，政府和社会应该致力于改善农民工的社会经济状况，改善他们在输入地城市的工作生活条件，消除文化和制度障碍，提升农村流动人口的心理健康水平。这有利于提升整体健康人力资本和人口素质，促进人口流动和社会和谐稳定发展。

| 第七章 |

健康对农民工回流决策的影响

——对“三文鱼偏误效应”的检验

一、问题的提出

在中国近几十年的工业化、城镇化进程中，农村劳动力向城镇迁移的规模不断扩大。根据中国国家统计局的数据，农民工的数量从 1990 年的 2000 万增长到了 2020 年的 2.86 亿，其中外出农民工达到 1.70 亿。虽然大量的农村劳动力流入城镇，但与此同时，由于户籍壁垒、公共服务可及性差以及劳动力市场城乡分割等因素，农村劳动力的流动往往表现出临时性、循环性的特征。在迁移过程中，只有很少一部分农村劳动力能够在城镇中稳定下来，绝大多数外出劳动力在经历过短暂的流动后还会逐步返回输出地（蔡禾和王进，2007）。这种农村劳动力“输出”与“回流”并存的现象引起了社会各界的广泛关注。

农民工回流并不是一个新的现象。自从 20 世纪 80 年代“民工潮”以来，这种“逆向迁移”的现象就一直存在。但直到 2008 年金融危机爆发，短期内导致农村外出劳动力大规模回流，才逐渐受到社会的关注。过去我国的农村劳动力输出地主要集中在中西部地区，如河南、安徽、湖北、四川等省份。但近年来，这些地方的人口回流趋势日益明显。例如，安徽省统计局的数据显示，自 2013 年首次出现外出劳动力回流以来，近几年持续出现人口回流现象。湖北省外出劳动力的回流速度也在加快，2017 年，全省流出人口为491万，比上年减少6万，而流入人口为157万，比上年增加8万①。国家人口和计划生育委员会的数据显示，2017年约22.8%的流动人口回流，而且超七成的回流人口表示不愿再外出②。

中国长期以来的城镇化主要表现为非农部门的扩张，以及农村劳动力的乡城迁移过程。在此背景下，对于农民工的迁移研究多集中于“输出”视角，而对“回流”现象还缺乏足够的探讨。在城乡收入差距依然悬殊的情况下，传统的劳动力迁移理论无法对大量外出农民工的逆向迁移现象作出明确的解释。现有研究多尝试从个人发展、家庭特征、外界环境等角度讨论外出劳动力的回流决策，而对健康人力资本因素缺乏足够的重视。从个人角度来看，年龄、受教育程度、婚姻状况等是影响外出劳动力回流的主要因素（Wang and Fan，2006；李楠，2010；牛建林，2015）。“新迁移经济学”则从家庭的角度出发，认为家庭规模、家庭结构以及耕地面积等会对农村劳动力迁移产生重要的影响（李强和龙文进，2009；Zhao，2002；王子成等，2013；Hu et al.，2011）。此外，城乡的制度环境和经济环境差异缩小、城镇社会融入壁垒、劳动市场分割等往往构成外出劳动力回流的外在诱因（Olesen，2002；伍振军等，2011；任远，2012）。本章将利用全国不同区域代表性省区市的调查数据，分析城镇化过程中农民工回流的影响因素，并重点探讨健康因素对逆向迁移现象的影响程度及影响机制，对农民工流动的“三文鱼偏误效应”进一步做出检验。

二、数据、变量和模型设定

（一）数据选取和样本筛选

本章将利用2013年中国家庭收入调查数据（CHIP）展开分析。该数据

① 数据来源：“传统输出大省农民工回流趋势明显”，新华网，2017-02-09. http://www.xinhuanet.com/politics/2017-02/09/c_1120440547.htm.

② 数据来源：国家人口和计划生育委员会流动人口服务管理司．中国流动人口发展报告［M］．北京：中国人口出版社，2018.

是在国家统计局的协助下由北京师范大学中国收入分配研究院联合国内外专家共同完成。其分为城镇住户调查、农村住户调查和外来务工人员调查三个数据库。该调查选取的地点包括北京、安徽、重庆、广东、河北、河南、湖北、甘肃等15个省区市，分别代表了我国的东部、中部和西部三个区域，涉及18948户家庭。这些省区市基本涵盖了我国主要的农村劳动力输出地，能够较好地反映出我国农民工输出和回流的特点和规律性。该调查内容广泛，包括个人和家庭两个层面的信息，如个人职业、受教育程度、婚姻状况、家庭人口规模、家庭收支和资产情况等。根据本章的研究目的和外出劳动力的特征，将研究对象限定在16~65岁的非学生受访者。利用符合条件的受访者提供的个人及家庭等相关基本信息，最终选出了本章研究所需的全部样本。

（二）变量设置及其描述性分析

1. 变量设置

被解释变量为农村劳动力的流动状态，我们将调查时正处于外出务工状态的农村劳动力定义为仍在外就业农民工，将曾外出务工但已返回家乡的农村劳动力定义为回流农民工。

基于传统的劳动力迁移理论和新劳动力迁移理论，本章认为农村外出劳动力的回流决策实际上是健康人力资本、个体特征、家庭特征以及工作特征等因素共同作用的结果。因此，根据变量属性我们可以将解释变量分为四类：第一类是健康水平，这是本章研究的核心解释变量。根据数据特点，我们采用自评健康状况作为健康的衡量标准。虽然该指标的主观性较强，但在一定程度上能够对受访者的健康进行综合评价。为了分析简便，我们将样本的自评健康状况由五个维度调整为“好”和“差”两个状态，这一变换并不影响我们的分析过程和结论。第二类是个人特征变量，主要包括年龄、性别、受教育程度以及婚姻状况。回流倾向往往随着年龄的增加而逐渐提升，且不同年龄层的受访者提升的速度可能存在差异。男性与女性外出的就业机会存在差异，且对于家庭的作用不同，因此需要控制性别变量。较高的受教育水平意味着更高的人力资本水平，有助于增强人们在城镇劳动市场中的竞争力。不同的婚姻状态会影响劳动力的家庭责任，进而影响其回流返乡意愿。第三类是家庭特征变量，主要包括家庭月人均收入、耕地面积、老家住房、兄弟姐妹数量等。传统的劳动力迁移理论认为，农村劳动力外出就业是为了寻求更高的劳动收入，改善家庭的生活水平和社会经济地位。因此，家庭人均收入水平可能是影响劳动力迁移决策的主要因素。耕地面积、兄弟姐妹数量能够反映家庭对劳动力的需求强度，而老家住房可以为劳动力回流提供条件保障。Hao 等（2018）认为宅基地的所有权会降低移民去大城市的可能性。第四类是工作特征和医保参保情况变量，工作特征包括工作地点、劳动合同性质、所处行业以及劳保福利。工作特征的差异意味着受访者的迁移距离、工作环境、工作方式和工作压力的差异。医保参保情况是指受访者拥有何种类型的医疗保险，对于迁移劳动力尤其是跨省流动的劳动力来说，基本医疗保险异地报销存在壁垒，这可能会影响其在输入地的医疗服务可及性，进而影响其回流决策。

各类变量的具体界定如表 7－1 所示。

表 7－1　　变量定义

Panel A：被解释变量		
流动状态		将曾外出务工但已返回家乡的农村劳动力定义为回流农民工，赋值为1；将调查时正处于外出务工状态的农村劳动力定义为仍在外就业农民工，赋值为0
Panel B：解释变量		
健康水平（自评健康）		针对受访者回答的当前自身健康生活状况进行判定，包括“非常好”“好”“一般”“不好”“非常不好”五个等级。根据研究需要将其进行二分化处理，将“非常好”“好”“一般”设定为自评健康较好，赋值为1，将其余两个选项“不好”“非常不好”设定为自评健康较差，赋值为0
个人特征变量	年龄	为了研究不同年龄层对健康的影响，我们将受访者分为16～25岁、26～35岁、36～45岁、46～55岁、56～65岁五个年龄组
	性别	若为男性则赋值为1，若为女性则赋值为0
	受教育程度	包括未上过学、小学、初中、高中/职高/技校/中专、大学及以上五个维度
	婚姻状况	包括未婚、在婚（包括初婚和再婚）、离异/丧偶三个维度

续表

<table>
<tr><td colspan="3">Panel B：解释变量</td></tr>
<tr><td rowspan="4">家庭特征变量</td><td>家庭月人均收入</td><td>单位：元；为了研究不同收入水平对回流决策的影响，我们将受访者分为低收入群体、中低收入群体、中高收入群体、高收入群体四类</td></tr>
<tr><td>耕地面积</td><td>单位：亩</td></tr>
<tr><td>老家住房</td><td>根据受访者的回答，若老家有住房则赋值为1，否则赋值为0</td></tr>
<tr><td>兄弟姐妹数量</td><td>指除受访者之外的兄弟姐妹个数，分为无兄弟姐妹、一个、两个、三个及以上四类</td></tr>
<tr><td rowspan="5">工作特征和医保参保情况</td><td>工作地点</td><td>包括乡外县内、县外市内、市外省内以及省外四个维度</td></tr>
<tr><td>劳动合同性质</td><td>包括固定合同、长期合同、短期/临时合同、无合同四类</td></tr>
<tr><td>行业</td><td>包括农林牧渔业、制造业、建筑业、批发和零售业、交通运输/仓储和邮政业、住宿和餐饮业、居民服务业和其他八类</td></tr>
<tr><td>劳保福利</td><td>包括工伤保险、失业保险、住房公积金、生育保险、无劳保福利五个维度</td></tr>
<tr><td>医保参保情况</td><td>包括城镇职工基本医疗保险（简称“城职保”）、城镇居民基本医疗保险（简称“城居保”）、农村新型合作医疗保险（简称“新农合”）、商业医疗保险、其他医疗保险、无医疗保险六类</td></tr>
</table>

2. 样本的描述性分析

表7-2为主要变量的描述性统计量。回流农民工的自评健康水平要低于仍在外就业农民工。受访者的年龄特征表明，回流农民工的平均年龄约为32.7岁，比仍在外就业农民工的平均年龄约低3岁。在两类受访者中，回流农民工的受教育程度、家庭人均收入、兄弟姐妹数量等均明显低于仍在外就业的农民工。而回流农民工的耕地面积以及老家住房则要高于仍在外就业的农民工。从工作特征来看，回流农民工的工作地点多为省外，而仍在外就业农民工的工作地点多为省内，其中约55%为县内。此外，超过半数的外出农民工无任何劳动合同，仍在外就业农民工签订长期合同的比例要高于回流农民工。从行业分布来看，制造业、建筑业的受访者回流的比例明显高于其他行业。超过80%的外出农民工无法享受任何的劳保福利。医疗保险的覆盖面较宽，但对于外出农民工来说，只有少部分人能够被纳入城镇的医保体系。

回流农民工参加“新农合”的比例为88.5%，参加“城职保”和“城居保”的比例分别为7.2%、2.4%。相比之下，仍在外就业农民工参加“新农合”、“城职保”和“城居保”的比例分别为60.8%、21.9%、5.8%。

表7-2　　回流农民工与仍在外就业农民工的基本情况

	全样本		回流农民工		仍在外就业农民工	
	均值	标准差	均值	标准差	均值	标准差
自评健康	0.857	0.323	0.855	0.320	0.884	0.352
性别	0.620	0.467	0.614	0.466	0.685	0.487
年龄	32.914	10.781	32.675	10.829	35.693	9.787
受教育程度						
未上过学	0.013	0.112	0.013	0.113	0.008	0.089
小学	0.144	0.351	0.146	0.353	0.122	0.328
初中	0.572	0.495	0.579	0.494	0.490	0.500
高中/职高/技校/中专	0.178	0.383	0.174	0.379	0.229	0.421
大学及以上	0.093	0.290	0.088	0.283	0.151	0.358
婚姻状况						
未婚	0.320	0.466	0.333	0.471	0.165	0.371
在婚	0.658	0.474	0.645	0.478	0.809	0.393
离异/丧偶	0.022	0.146	0.021	0.144	0.026	0.160
家庭月人均收入	1070.738	1156.055	990.923	666.954	1996.794	3281.758
耕地面积	5.983	8.310	6.213	8.494	3.314	5.072
老家住房	0.956	0.206	0.971	0.189	0.779	0.415
兄弟姐妹数量	2.009	1.503	1.998	1.491	2.141	1.635
工作地点						
乡外县内	0.206	0.404	0.176	0.381	0.552	0.498
县外市内	0.175	0.380	0.165	0.371	0.289	0.454
市外省内	0.227	0.419	0.239	0.427	0.084	0.278
省外	0.393	0.488	0.420	0.494	0.074	0.263
劳动合同性质						
固定职工	0.015	0.121	0.013	0.115	0.030	0.171
长期合同	0.125	0.331	0.116	0.321	0.229	0.421
短期/临时合同	0.250	0.433	0.251	0.434	0.239	0.427

续表

	全样本		回流农民工		仍在外就业农民工	
	均值	标准差	均值	标准差	均值	标准差
无劳动合同	0.609	0.488	0.619	0.486	0.502	0.500
行业						
农林牧副渔业	0.014	0.118	0.013	0.113	0.026	0.160
制造业	0.302	0.459	0.314	0.464	0.167	0.373
建筑业	0.253	0.434	0.262	0.440	0.145	0.352
批发和零售业	0.061	0.239	0.051	0.220	0.173	0.378
交通运输/仓储和邮政业	0.055	0.227	0.053	0.224	0.076	0.266
住宿和餐饮业	0.073	0.261	0.073	0.259	0.084	0.278
居民服务业	0.091	0.288	0.089	0.285	0.112	0.316
其他行业	0.111	0.314	0.108	0.310	0.151	0.358
劳保福利						
工伤保险	0.135	0.343	0.129	0.335	0.211	0.408
失业保险	0.087	0.282	0.079	0.269	0.185	0.388
住房公积金	0.053	0.225	0.049	0.215	0.108	0.311
生育保险	0.069	0.253	0.062	0.240	0.153	0.360
无劳保福利	0.839	0.368	0.847	0.360	0.739	0.440
医保参保情况						
“城职保”	0.084	0.277	0.072	0.259	0.219	0.414
“城居保”	0.027	0.161	0.024	0.153	0.058	0.234
“新农合”	0.863	0.343	0.885	0.319	0.608	0.489
商业医保	0.011	0.105	0.010	0.100	0.024	0.159
其他医保	0.011	0.104	0.010	0.101	0.020	0.140
无医疗保险	0.023	0.150	0.017	0.128	0.096	0.295

（三）模型设定

本章假定个人的回流行为决策由下述方程决定：

$$return_{ij} = \beta_0 + H'_{ij}\beta_1 + I'_j\beta_2 + X'_i\beta_3 + Z'_i\beta_4 + u_i \quad (7-1)$$

其中，i 表示个体，j 表示家庭，$return_{ij}$ 表示家庭 j 中的个体 i 的流动特征。H_{ij}表示个体的健康状态，是我们感兴趣的关键解释变量。I_j 和 X_i 分别表示家庭和个体特征，Z_i 表示工作特征以及医保参保情况等。u_i 为随机误差项。

基于上述分析，本章将拟合四个嵌套模型：（1）模型 1 仅控制受访者的健康状态，考察不同样本之间的回流决策差异；（2）模型 2 在模型 1 的基础上加入了受访者的个体特征变量，用以检验不同健康状态下群体的回流决策差异是否完全由受访者的个体特征所导致的；（3）模型 3 在模型 2 的基础上加入了受访者的家庭特征变量；（4）模型 4 在模型 3 的基础上进一步控制了受访者的工作特征和医保参保情况，从而考察在职业与医保属性之外农民工回流决策差异的显著性。

三、估计结果及分析

对外出农民工回流决策拟合的 Logit 模型结果如表 7 - 3 至表 7 - 6 所示。不同的模型结果依次展现了不同健康水平的受访者之间的返乡回流意愿差异，以及“健康—回流”关系存在的可能原因。

（一）不同健康水平受访者的总体回流意愿差异

表 7 - 3 为外出农民工回流行为决策的单因素 Logit 回归结果。该结果显示，自评健康状况对受访者的回流决策具有显著的负效应，即健康状况越好，受访者的回流返乡意愿越低，反之则相反。这种现象的出现可能源于以下原因：第一，大部分的外出农民工仅拥有原籍地的医疗保险（“新农合”或城乡居民基本医疗保险），由于医疗保险异地报销比例低、程序烦琐等原因，会给外出劳动力造成不小的负担。因此，当受访者健康状况较差时，为了避免造成更大的经济负担，他们更倾向于回流返乡；第二，当受访者生病时，原籍地的亲人朋友能够给予照料和帮助；第三，较差的健康状况会降低受访者的竞争力和工资水平，使他们放弃当前工作的机会。此外，社会歧视也会促使受访者出现健康问题时尽量减少去当地的医疗机构，而是返回原籍

地就医。分性别来看，健康水平对男性和女性外出农民工回流决策的影响趋势基本是一致的，但对女性受访者的影响更具有统计学显著性。究其原因，男性劳动力承受的家庭负担一般要大于女性，因此，对于城镇就业机会的需求更为迫切，当出现健康问题时的回流意愿要弱于女性。

表 7－3　　健康状况对农民工回流决策的影响（模型 1）

	全样本	男性	女性
健康水平（好＝1，差＝0）			
自评健康	－0.219*** （0.084）	－0.016 （0.117）	－0.550*** （0.125）
截距项	－0.313** （0.130）	0.787*** （0.179）	－0.339* （0.196）
观测值	6276	4264	2012

注：（1）***、** 和 * 分别表示估计系数在 1%、5%、10% 的统计水平上显著；（2）括号中的数值表示稳健标准误。

总体而言，不同健康水平的外出劳动力总体回流倾向差异明显，这可能与样本中不同受访者的人口、家庭、社会经济等特征有关，也可能隐含着健康状态对回流决策差异的内在独立的影响。

（二）健康水平对外出农民工回流决策的影响机制

受访者的健康水平与其回流决策显著相关，关于其内在的影响机制，可以分为两种：直接影响机制和间接影响机制。作为人力资本的主要来源之一，健康水平可能会直接降低其劳动竞争力，促其回流返乡。健康水平也可能通过改变受访者的人口学特征、社会经济特征等而对回流决策产生间接影响。为了进一步验证健康水平对外出农民工回流决策差异的影响机制，模型 2、模型 3 和模型 4 分别展示了在控制了个人特征变量、家庭特征变量、工作特征以及医保参保情况之后的拟合结果。

1. 个体特征对外出农民工回流决策的影响

为了检验健康状况对受访者回流行为决策的独立影响，模型 2 在模型 1

的基础上进一步控制了受访者的个体特征，如性别、年龄、受教育程度、婚姻状况等因素，估计结果如表 7-4 所示。在控制上述变量后，健康水平对外出农民工回流决策的影响仍然保持显著。分性别来看，在控制了个体变量后，健康水平对受访者回流决策的负效应进一步增强。

此外，随着年龄的增加，外出农民工的回流倾向呈现先降后升的趋势。相对于 25 岁以下的受访者来说，中年劳动力拥有更多的从业经验，因此，在城镇劳动力市场上意味着更强的竞争力和更高的工资水平，留在城镇就业会有更多的优势。此外，这一群体通常还面临照料子女、老人的家庭压力，对于外出的就业需求也更为迫切。但是随着年龄的增长，受访者的身体健康会逐渐下降，更需要原籍地家人的照料，面临的家庭压力也在减少或向下一代转移，因此回流意愿会更加强烈。这一结论也得到了其他研究的证实（Zhao，2002）。受教育程度越高，受访者的回流倾向越低，尽管这一结果并不显著。这与以前的高教育水平会提高回流倾向的研究结论相矛盾。根据劳动力市场分割理论，农村外出劳动力从事的职业往往对教育程度要求不高，受过良好教育的农村劳动力在城市中往往较难找到合适的工作。然而，随着国家相关政策的出台，这种状况也在逐渐转变，只要受过良好的教育，即使是农村劳动力也能在输入地城镇找到体面且收入不菲的工作，相对较高的机会成本降低了他们的返乡倾向。与未婚的受访者相比，已婚受访者的回流倾向显著较低；相比之下，离异或丧偶受访者的回流倾向的统计学显著性下降，而且分性别回归之后，结果不再显著。这些效应反映了婚姻构建对外出农民工返乡回流行为决策的推动作用。

表 7-4　控制个人特征后的估计结果（模型 2）

	全样本	男性	女性
健康水平（好=1，差=0）			
自评健康	-0.627^{***} (0.214)	-0.498^{*} (0.295)	-0.863^{**} (0.391)
性别（男性=1，女性=0）	-0.716^{***} (0.062)	—	—

续表

	全样本	男性	女性
年龄组（以16~25岁为基准组）			
26~35岁	-0.198** (0.094)	0.035 (0.121)	-0.432*** (0.148)
36~45岁	-0.619*** (0.106)	-0.423*** (0.135)	-0.820*** (0.166)
46~55岁	-0.329*** (0.125)	0.049 (0.157)	-0.843*** (0.204)
56~65岁	0.788*** (0.165)	-0.048 (0.222)	2.317*** (0.313)
受教育程度（以未上过学为基准组）			
小学	-0.165 (0.254)	-0.554 (0.572)	-0.496 (0.345)
初中	0.061 (0.249)	-0.458 (0.566)	-0.224 (0.341)
高中/职高/技校/中专	-0.383 (0.256)	-0.952* (0.569)	-0.613* (0.354)
大学及以上	-0.248 (0.269)	-0.992* (0.580)	-0.289 (0.374)
婚姻状况（以未婚为基准组）			
在婚	-0.528*** (0.093)	-0.625*** (0.118)	-0.466*** (0.153)
离异/丧偶	-0.343* (0.207)	-0.005 (0.295)	-0.538 (0.356)
截距项	11.502*** (0.503)	12.912*** (0.828)	11.407*** (0.779)
观测值	6276	4264	2012

注：(1) ***、**和*分别表示估计系数在1%、5%、10%的统计水平上显著；(2) 括号中的数表示稳健标准误；(3) 模型2同时也控制了模型1中的变量，为了内容简洁和突出重点解释变量，其他控制变量表中并未列出。

2. 家庭特征对外出农民工回流决策的影响

模型3在模型2的基础上进一步控制了受访者的家庭月人均收入、耕地面积、老家住房情况以及兄弟姐妹数量等家庭特征，这些特征同时也能在一定程度上反映受访者的社会经济地位，回归结果如表7-5所示。从总体回归结果来看，在进一步控制了上述变量之后，健康水平对回流决策的影响进一步扩大。这从侧面反映了受访者的健康水平也可能会通过改变社会经济资源而对个体的回流决策产生影响。分性别来看，健康水平对男性受访者的影响有下降的趋势，且这一结果不再显著。这表明社会经济地位、家庭特征等因素对男性受访者的回流决策影响更大。

首先，随着收入水平的增加，受访者的回流倾向呈现出下降的趋势，收入层次越高，回流倾向越低。由于较高的机会成本，高收入水平的受访者放弃城镇工作回流返乡的可能性通常较低。其次，耕地面积对外出农民工的回流决策具有显著的正效应。这是由于家庭耕地数量越多，对务农劳动力的需求往往也越大（石智雷和杨云彦，2012）。同时，这也反映出耕地和户籍身份的挂钩会在一定程度上限制劳动力永久迁移的实现（任远和施闻，2017）。农村住房对受访者的回流决策具有相似的影响效应，这是由于老家拥有住房为外出农民工回流提供了居住保障。最后，兄弟姐妹数量对受访者的回流决策会产生负效应。从某种意义上来说，兄弟姐妹数量越多意味着家庭劳动力数量越多，对家庭照料和亲属支持能够产生较强的替代作用，因此可能会降低农村外出劳动力的回流意愿。

表7-5　　控制家庭特征后的估计结果（模型3）

	全样本	男性	女性
健康水平（好=1，差=0）			
自评健康	-0.635*** (0.233)	-0.302 (0.366)	-1.224*** (0.335)
收入层次（以低收入群体为基准组）			
中低收入群体	-0.923*** (0.144)	-0.856*** (0.199)	-1.066*** (0.218)
中高收入群体	-1.724*** (0.135)	-1.688*** (0.184)	-1.838*** (0.211)
高收入群体	-2.740*** (0.134)	-2.742*** (0.183)	-2.797*** (0.207)

续表

	全样本	男性	女性
耕地面积	0.075*** (0.009)	0.088*** (0.014)	0.058*** (0.012)
老家住房	2.016*** (0.121)	2.124*** (0.161)	1.842*** (0.180)
兄弟姐妹数量（以无兄弟姐妹为基准组）			
一个	-0.057 (0.118)	-0.142 (0.151)	0.095 (0.193)
两个	-0.243** (0.124)	-0.318** (0.158)	-0.122 (0.200)
三个及以上	-0.259** (0.118)	-0.191 (0.151)	-0.359* (0.193)
截距项	-0.320 (0.333)	0.573 (0.489)	-0.617 (0.487)
观测值	6276	4264	2012

注：(1) ***、** 和 * 分别表示估计系数在 1%、5%、10% 的统计水平上显著；(2) 括号中的数表示稳健标准误；(3) 模型 3 同时也控制了模型 2 中的变量，为了内容简洁和突出重点解释变量，其他控制变量表中并未列出。

3. 工作特征及医保变量对外出农民工回流决策的影响

模型 4 在模型 3 的基础上加入了工作地点、劳动合同性质、行业、劳保福利等工作相关变量，以及受访者所拥有的医疗保险种类等变量，具体回归结果如表 7-6 所示。

回归结果显示，迁移地点越远，外出农民工回流返乡的倾向越高，且这一趋势并无显著的性别差异。可能的原因如下：第一，通常认为，农村劳动力的外出务工决策存在健康选择效应和损耗效应。一方面，劳动力的迁移决策是自我选择的结果，健康状况较好的农村劳动力更倾向于向外迁移。健康状况与农村劳动力的外出迁移距离呈现正相关关系，身体健康状况较好的农村居民，外出工作迁移地点相距家乡通常较远。另一方面，由于地区分割、社会融合度低等原因，迁移带来对健康的负向影响往往超过了正向影响，迁移地点越远，负面影响越显著（秦立建等，2014）。这说明工作迁移地点较远的农村劳动力其健康损耗可能更大，因病回流的可能性更高。第二，较远的迁移距离意味着受访者可能无法充分利用输入地的医疗卫生资源，严重的被剥夺感易对其生理和心理产生双重影响。因此当出现健康问题后，工作地点越远，回流返乡的可能性越大。

与无劳动合同的受访者相比，劳动合同性质越稳定、期限越长，劳动力的回流倾向越低。在行业方面，外出农民工多从事劳动密集型的工作，男性通常集中于建筑业，而女性多集中于制造业。随着产业结构调整和升级，必定会对劳动密集型的产业产生直接的影响。因此，相比于从事农林牧副渔业，从事建筑业、制造业的劳动力回流比例通常较高。从事批发零售业的受访者通常是个体经营者，城镇的需求市场能够为其提供更多的机会。互联网技术的快速发展改变了人们的生活方式，催生了大量类似于外卖、快递、网约车等此类的生活性服务业，相对于并不发达的农村地区来说，此类服务需求多集中于城镇。因此，从事批发零售业、交通运输/仓储和邮政业的受访者的回流倾向较低。各项劳保福利的系数均为负值，尽管这种效应并不完全显著，但可以在一定程度上说明劳保福利会抑制受访者的回流决策。对于外出农民工来说，在城镇工作的劳保福利意味着一定的职业地位和权利，可以反映出更强的社会保障可及性。与无医保的受访者相比，参加“城职保”和“城居保”的受访者回流倾向显著更低。能够参加城镇的医保项目，说明受访者已经在一定程度上融入输入地。“新农合”的系数显著为负，这表明“新农合”对农村外出劳动力有较强的“拉回”效应。

表 7-6　　控制工作特征及医保变量后的估计结果（模型 4）

	全样本	男性	女性
健康水平（好 =1，差 =0）			
自评健康	-0.314** (0.155)	-0.077 (0.203)	-0.681*** (0.247)
工作地点（以乡外县内为基准组）			
县外市内	0.610*** (0.132)	0.616*** (0.167)	0.634*** (0.226)
市外省内	1.988*** (0.191)	2.002*** (0.241)	2.001*** (0.330)
省外	2.500*** (0.197)	2.686*** (0.261)	2.263*** (0.312)

续表

	全样本	男性	女性
劳动合同性质（以无劳动合同为基准组）			
固定职工	-0.211 (0.415)	-0.616 (0.496)	-0.655 (0.778)
长期合同	-0.662*** (0.177)	-0.655*** (0.229)	-0.720** (0.293)
短期/临时合同	-0.019 (0.150)	-0.071 (0.199)	-0.031 (0.234)
行业（以农林牧副渔业为基准组）			
制造业	0.560** (0.246)	0.699** (0.351)	0.473 (0.332)
建筑业	0.660** (0.260)	0.624* (0.343)	0.816* (0.490)
批发和零售业	-0.645** (0.262)	-0.842** (0.399)	-0.469 (0.346)
交通运输/仓储和邮政业	-0.269 (0.304)	-0.284 (0.368)	0.280 (1.077)
住宿和餐饮业	0.010 (0.277)	0.020 (0.411)	0.072 (0.371)
居民服务业	0.065 (0.271)	0.054 (0.383)	0.161 (0.387)
其他行业	0.032 (0.251)	0.067 (0.350)	0.085 (0.364)
劳保福利（以无劳保福利为基准组）			
工伤保险	-0.019 (0.246)	-0.068 (0.310)	-0.155 (0.396)
失业保险	-0.433 (0.303)	-0.920** (0.412)	-0.344 (0.486)
住房公积金	-0.466* (0.255)	-0.189 (0.317)	-0.808* (0.445)
生育保险	-0.069 (0.270)	-0.324 (0.367)	-0.290 (0.421)

续表

	全样本	男性	女性
医保参保情况（以无医保为基准组）			
“城职保”	-1.136*** (0.289)	-0.974** (0.388)	-1.665*** (0.443)
“城居保”	-1.522*** (0.356)	-1.333*** (0.472)	-2.055*** (0.531)
“新农合”	1.759*** (0.221)	1.746*** (0.309)	1.994*** (0.309)
商业医保	0.043 (0.367)	0.118 (0.508)	0.070 (0.569)
其他医保	1.003** (0.505)	0.885 (0.699)	1.297** (0.610)
截距项	-0.880** (0.416)	-0.922* (0.527)	-1.129* (0.651)
观测值	6276	4264	2012

注：(1) ***、**和*分别表示估计系数在1%、5%、10%的统计水平上显著；(2) 括号中的数表示稳健标准误；(3) 模型4同时也控制了模型3中的变量，为了内容简洁和突出重点解释变量，其他控制变量表中并未列出。

四、本章小结

逆向迁移是劳动迁移过程的重要组成部分。学术研究越来越关注人口回流迁移的原因。尽管生命周期理论、人力资本理论和劳动力市场分割理论对此均给出了可能的解释，但是很少有人关注健康状况对劳动力回流的影响。健康状况进入返乡回流决策方程是因为外出农民工对输入地医疗机构有限的可及性会给其带来不小的经济负担，寻求家庭成员的照料以及不良的健康状况对就业的负面影响也会促使其考虑回流。以往的研究中尚未明确健康状况对返乡回流决策的影响程度究竟如何，本章利用全国性的微观数据，通过经验研究分析了外出农民工群体的健康状况对返乡回流决策的影响，验证了“三文鱼偏误”效应的存在。

本章的研究表明，健康状况与回流行为决策负相关。健康状况越好，返乡回流的倾向越低，反之则相反。需要特别注意的是，估计结果存在显著的性别差异，即健康对女性回流行为决策具有显著的负效应，而对于男性回流的影响效应虽然为负，但这一结果并不十分显著。这表明相对于男性而言，女性有着更强的健康脆弱性和敏感性。从表 7-3 至表 7-6 的估计结果可以发现，在控制家庭特征以及工作特征等变量之后，健康对男性返乡回流决策的影响逐渐减弱。这说明由于家庭以及职业等因素，男性留在输入地城镇的意愿更为强烈。

大多数的农村外出劳动力都在从事有害健康的高风险工作，这个脆弱的群体却无法充分享受输入地的医疗和社会保障待遇。研究发现，当健康状况下降时，外出劳动力会倾向于回流返乡，特别是女性、年长者、低收入群体。要解决上述问题，可以从以下方面入手：首先，进一步深化户籍制度改革，逐步将农民工纳入城镇的社会保障覆盖体系，提高他们在输入地的公共服务和社会福利可及性；其次，改善农村外出劳动力的工作环境和生活环境，降低工作和生活中可能面临的安全风险和健康风险；最后，针对女性农民工对健康的敏感性，输入地政府应该将本地的女性保护政策扩展到外来女性劳动力群体，增强外来女性劳动力的融入感和归属感，保护女性劳动力群体的权益。

| 第八章 |

劳动力迁移、社会阶层与主观幸福感

——基于中介效应模型的经验分析

一、问题的提出

农村劳动力的大规模乡城迁移是支撑中国近年来社会经济快速发展的重要力量。一方面，作为城镇劳动力短缺的有效补充，农村迁移劳动力对于促进城市发展，推动城镇化、工业化进程功不可没；另一方面，剩余劳动力的迁移有助于缓解农村人地矛盾，转变农业生产方式，提升农民生产收益。但从目前来看，农村劳动力的迁移进程还远未完成，其规模和速度并不能满足我国的城镇化需求。根据中国社科院发布的《2020年社会蓝皮书》，2019年末，我国城镇化水平已超过60%，达到了60.6%。但这与发达国家80%的城镇化水平相比仍有不小的差距。而这也是我国城镇化水平滞后于工业化进程的一个重要原因。十九届五中全会审议通过的《中共中央关于制定国民经济和社会发展第十四个五年规划和二〇三五年远景目标的建议》指出，要解决好“三农”问题，推动城乡要素平等交换、双向流动。李克强总理在2021年的《政府工作报告》中指出：“十四五”时期要深入推进以人为核心的新型城镇化战略，加快农业转移人口市民化，常住人口城镇化率提高到65%。因此，要实现新型城镇化、工业化以及农业现代化的同步协调发展，需要有效的双向推动机制：既要依托乡村振兴的契机推动就地城镇化，还要以农村劳动力迁移为主要切入点，同时推进迁移劳动力的城市融合和户籍转换。

然而，需要注意的是，当前我国农村劳动力迁移进程放缓也是一个不争的事实。表 8－1 为 2012～2020 年农民工的数量变化情况。数据显示，近年来我国农民工总量、本地农民工和外地农民工的数量均持续增长，但增长速度却从 2012 年的 3.9% 下降到了 2019 年的 0.8%。到 2020 年，受新冠肺炎疫情影响甚至出现了负增长（－1.8%）。另外，从个体层面来看，农村劳动力向城镇迁移的意愿也并不强烈（陈飞和苏章杰，2020）。如何对这种现象进行解释进而探讨农村迁移劳动力的乡城迁移和居留决策影响因素，对于提高我国的城镇化水平有着重要的现实意义。

表 8－1　　2012～2020 年中国农民工数量　　单位：万人

年份	2012	2013	2014	2015	2016	2017	2018	2019	2020
农民工总量	26261	26894	27395	27747	28171	28652	28836	29077	28560
本地农民工	9925	10284	10574	10863	11237	11467	11570	11652	11601
外出农民工	16336	16610	16821	16884	16934	17185	17266	17425	16959

数据来源：国家统计局发布的 2012～2020 年《全国农民工监测调查报告》。

通常认为，农村劳动力的迁移往往出于趋利动机，城乡工资收入差距是其迁移的主要动力。但是，近年来有学者发现城市的收入优势对农村劳动力迁移的拉力正逐渐减弱（徐清，2012），工资差距可以吸引更多的农村劳动力，但并不能提高他们的留城意愿（封进和张涛，2012）。相反，随着经济的发展，农村劳动力低层次的生存需求早已得到满足，而公共服务、社会阶层、社会福利等非收入因素的影响日益受到关注。而最终突破户籍壁垒取得城市户口的农村迁移劳动力，其留在城市生活的主要动力源于与户籍关联的社会福利得到了改善。因此，是什么在影响农村劳动力的迁移和居留决策？农村劳动力在迁移过程中得到了什么？又失去了什么？当前来看，仅从收入的视角展开探讨是不充分的，它并不能从整体上反映出一个人的生活状态（Stiglitz et al.，2009）。而幸福感作为衡量个体生活状况的客观和主观效用的综合指标，通常被认为是生活质量的真实体现（Oswald and Wu，2010），是福利状况的合理度量。鉴于此，本章尝试通过对不同群体之间的主观幸福感差异进行比较来评估迁移行为和户籍差异所导致的幸福感变化，并在其中引入社会阶层中介机制，为解释劳动力迁移进程放缓提供一个新的视角，为提升全民幸福感提供经验支持和理论支撑。

在总结现有研究的基础上，本章尝试展开以下分析：（1）利用全国性的微观调查数据，选取系统的社会阶层指标，通过迁移特征和户籍属性对样本进行分类，进而构建特定的计量模型对不同群体之间的主观幸福感和社会阶层差异进行全面考察；（2）利用合适的中介效应分解方法，检验社会阶层变量是否发挥了中介作用；（3）根据迁移特征对迁移劳动力类型进行再次细分并展开异质性分析，进一步探讨不同迁移群体之间的幸福感和社会阶层差异。

二、数据与变量

（一）数据来源

本章所使用的数据来自中国综合社会调查（CGSS）。该数据由中国人民大学中国调查与数据中心负责搜集，从2003年开始至2017年共进行了10次全国性调查，内容涵盖广泛，主要包括个人和家庭两个层面的信息，如个人的幸福感知、职业、阶层认知、受教育程度、婚姻状况、家庭人口规模、家庭的收支和资产情况等。根据研究需要，本章选取2010～2017年度的6次调查数据作为混合横截面数据，大容量的样本可以提高估计结果的稳健性和可靠性。根据数据特点和农村迁移劳动力的特征，我们把研究对象限定在16～65岁的受访者，并且剔除了学生身份的样本。

（二）变量选取及其描述

（1）主观幸福感。通常认为，主观幸福感可以用来衡量个体的综合福利水平（Bartolini and Sarracino，2015，温兴祥和郑凯，2019）。本章根据CGSS 2010～2017年的问卷中对主观幸福感的问题及选项设计，将该变量设定为一个五取值的有序变量：非常不幸福取值为1，比较不幸福取值为2，说不上是否幸福或一般幸福取值为3，比较幸福取值为4，非常幸福取值为5。

（2）社会阶层。根据研究目的，本章将社会阶层分为阶层认同和阶层流动两个维度。一是阶层认同指标，包括职业阶层认同、主观阶层认同以及预期阶层认同三个方面；二是阶层流动指标，包括代际职业流动和主观阶层流动两个方面。这两个维度同时包含社会阶层的客观指标和主观指标。关于客观社会阶层与主观社会阶层之间的关系，学界有不同的看法。比较典型的有：结构决定论模型认为客观阶层定位决定人们的主观社会阶层意识（刘欣，2002），个体的职业、收入等与个体的主观阶层认同高度相关。但是以韦伯为代表的多元社会分层理论则认为除了教育、职业和收入等容易量化的客观特征之外，主观阶层认知主要根源于群体之间的差异比较。即阶层认知不仅与客观定位有关，也与个体在其社会网络中所处的相对位置有关。因此，客观阶层定位与主观阶层认知可能会存在不一致，即存在阶层认同偏移（范晓光和陈云松，2015）。本章在阶层认同和阶层流动两个维度同时控制了客观指标和主观指标，也可以验证阶层认同偏移现象是否存在。

遵循传统的职业阶层划分标准，根据受访者当前的职业类型及其父代职业类型来分别界定职业阶层认同和流动。本章参照殷金朋等（2019）的定义规则，将职业划分为三个阶层：第一阶层主要包括党政机关、企业、事业单位、社会团队负责人，私营业主，技术人员以及军人；第二阶层主要包括个体工商户，一般办公室人员以及办事人员等相关人员；第三阶层主要包括商业、服务业人员，农、林、牧、渔业劳动者，以及非正式就业人员和无业人员等。关于代际职业流动，借鉴邵宜航和张朝阳（2016）的界定方法，通过将受访者和父代的职业阶层进行比较来判断职业流动方向。父代职业阶层通过比较受访者父亲和母亲的职业阶层取其高者而得。若子代高于父代，则表示代际职业阶层向上流动（赋值为1）；若子代等于父代，则表示代际职业阶层未发生改变（赋值为0）；若子代低于父代，则表明代际职业阶层向下流动（赋值为 -1）。

除此之外，主观阶层认同、预期阶层认同以及主观阶层流动指标反映更多的是受访者的心理认知与感知。根据受访者对自身当前和未来10年可能所处的社会等级评价将主观阶层认同和预期阶层认同由低到高分为1～10共10个等级。同样，将受访者当前的主观阶层评价与10年前的主观阶层评价进行比较，若当前的主观阶层高于10年之前，则表示主观阶层向上流动（赋值为1）；若当前的主观阶层等于10年之前，则表示主观阶层未发生变化（赋值为0）；若当前的主观阶层低于10年之前，则表示主观阶层向下流动（赋值为 -1）。

（3）迁移特征与户籍属性。为了识别不同的分类群体，本章根据现居地、户籍所在地、户籍性质以及户籍转换经历等对样本进行界定。首先，根据现居地以及户籍所在地判断受访者是本地样本还是外地样本。其次，根据户籍性质判断受访者是农业户口还是非农户口（或居民户口）。若受访者为非农户口（或居民户口），则判断其户口是否经过农业户口转换而来；若经历了户籍转换，则判断户籍转换的原因，剔除由于征地、当地户籍改革等政策性因素而获取非农户口的样本。据此，可以将受访者划分为农村居民、农村迁移劳动力以及城镇居民三个群体。为了研究户籍性质对主观幸福感和社会阶层的影响，根据受访者的户籍转换经历将农村迁移劳动力进一步划分为未进行户籍转换的农村迁移劳动力（简称“未换户迁移者”），以及已进行户籍转换的农村迁移劳动力（简称“已换户迁移者”）。因此，本章的研究对象实际上包含农村居民、未换户迁移者、已换户迁移者以及城镇居民四类。

表 8－2 为四类群体的主观幸福感和各项社会阶层指标的均值和标准差。未换户迁移者的主观幸福感、主观阶层认同以及预期阶层认同均略低于其他三类群体。而已换户迁移者和城镇居民的主观幸福感、职业阶层认同、主观阶层认同以及预期阶层认同等指标均具有较强的趋同性。各类群体的预期阶层认同均高于主观阶层认同，其中农村居民提升的幅度最大。这可能是由于近年来农村发展速度加快导致的。同样，主观阶层流动指标也表明了这一点。

表 8－2　各分类群体的主观幸福感和社会阶层变量的均值和标准差

变量		农村居民	未换户迁移者	已换户迁移者	城镇居民
主观幸福感		3.789 (0.836)	3.763 (0.881)	3.888 (0.803)	3.870 (0.792)
阶层认同	职业阶层认同	1.141 (0.405)	1.474 (0.641)	1.581 (0.734)	1.591 (0.728)
	主观阶层认同	4.095 (1.642)	3.930 (1.690)	4.514 (1.645)	4.459 (1.669)
	预期阶层认同	5.369 (2.060)	4.929 (2.053)	5.311 (1.963)	5.262 (2.018)
阶层流动	代际职业流动	0.021 (0.739)	0.138 (0.672)	0.228 (0.605)	0.031 (0.419)
	主观阶层流动	0.524 (0.664)	0.490 (0.680)	0.364 (0.715)	0.290 (0.723)
观测值		15602	7964	1804	11178

注：括号（）内为标准差。

（4）其他控制变量。本章还控制其他一些可能会对社会阶层和主观幸福感产生影响的变量，主要包括性别（男性 =1，女性 =0）、年龄（分为 16 ~ 25 岁、26 ~35 岁、36 ~45 岁、46 ~55 岁以及 55 ~65 岁五个年龄层）、民族（少数民族 =1，汉族 =0）、政治面貌（党员 =1，否则 =0）、宗教信仰（信仰宗教 =1，否则 =0）、婚姻状况（分为未婚、已婚、离异/丧偶/分居三个维度）、受访者及其父代的受教育年限、自评健康（好 =1，差 =0）、医保参保情况（参加医保 =1，否则 =0）、本套房屋产权（产权为自家所有 =1，否则 =0）以及房产数量等人口学、社会学和家庭特征变量。其中，通过比较受访者父亲和母亲的受教育年限，取其高者作为父代受教育年限。此外，还控制了绝对收入水平和相对收入水平。绝对收入通过家庭人均收入水平来衡量，由受访者的家庭年度总收入除以家庭规模而得到。为了研究不同收入水平对幸福感和社会阶层的影响效应，本章将受访者按照四分法分为低收入组、中低收入组、中高收入组、高收入组四类。相对收入则由受访者对其家庭经济状况在当地所处水平的主观评价来判断，分为低于平均水平、等于平均水平和高于平均水平三个层次。此外，我们还控制了地区变量和年份变量。

表 8 –3 展示了上述控制变量的均值和标准差。在各分类群体中，农村居民、未换户迁移者、已换户迁移者和城镇居民所占的比例分别为 42.69%、21.79%、4.94%、30.58%。未换户迁移者男性居多，所占比例约为 56.64%。受访者的年龄特征表明，迁移劳动力中年轻人所占的比例更大，多集中在 45 岁以下。而农村居民的年龄分布则多为 45 岁以上。在各类受访者群体中，农村居民的受教育年限最低，平均约为 6.25 年。而已换户迁移者和城镇居民的受教育程度最高且较为接近，分别为 10.36 年和 11.65 年。农村居民的父代受教育程度最低，平均约为 1.51 年。未换户迁移者和已换户迁移者的父代受教育程度均较低且较为接近，分别为 2.87 年和 2.57 年。这是由于两类受访者的父代没有乡城的迁移经历，相同的农村生活成长经历，相似的社会经济资源，同时也意味着相似的受教育背景和水平。城镇居民父代的受教育年限最高，约为 5.04 年。从绝对收入变量来看，农村居民低收入组、中低收入组、中高收入组以及高收入组所点比例分别为 45.43%、30.74%、16.28%、7.54%，未换户迁移者四个收入层次所占的比例分别为 21.45%、

29.30%、25.80%、23.45%，已换户迁移者四个收入层次所占的比例分别为9.14%、22.81%、34.58%、33.47%，城镇居民四个收入层次所占的比例分别为6.35%、17.55%、31.01%、45.10%。其中，农村居民低收入组所占比重最高，将近所有农村居民的一半，其次是未换户迁移者，而已换户迁移者和城镇居民的低收入组所占比例均不到10%。农村居民低收入组和中低收组共同的占比超过了75%，而未换户迁移者、已换户迁移者和城镇居民的这一比例分别约为50%、32%、24%。这表明在所有分类群体中农村居民的收入水平是最低的，而乡城迁移有利于提升家庭收入水平、改善生活状况。相对收入水平的均值也验证了这一点。农村居民和未换户迁移者低于当地平均收入水平的比重分别为44.79%、43.21%，高于当地平均收入水平的比例仅为5.46%、5.70%，而已换户迁移者和城镇居民的这一比例为11.01%、10.83%。同时这也表明不同户籍属性的迁移劳动力之间的收入水平和经济地位也有明显差异。

表8-3　各分类群体其他控制变量的均值和标准差

变量		农村居民	未换户迁移者	已换户迁移者	城镇居民
性别		0.497 (0.500)	0.566 (0.496)	0.475 (0.499)	0.499 (0.500)
年龄	16~25岁	0.061 (0.240)	0.123 (0.328)	0.024 (0.152)	0.089 (0.285)
	26~35岁	0.108 (0.311)	0.218 (0.413)	0.119 (0.324)	0.156 (0.363)
	36~45岁	0.202 (0.402)	0.238 (0.426)	0.212 (0.409)	0.167 (0.373)
	46~55岁	0.243 (0.429)	0.189 (0.391)	0.195 (0.396)	0.213 (0.409)
	56~65岁	0.211 (0.408)	0.131 (0.338)	0.194 (0.396)	0.206 (0.404)
民族		0.120 (0.325)	0.066 (0.248)	0.064 (0.245)	0.054 (0.226)
政治面貌		0.595 (0.491)	0.542 (0.498)	0.590 (0.492)	0.571 (0.495)
宗教信仰		0.881 (0.323)	0.870 (0.336)	0.896 (0.305)	0.892 (0.310)

续表

变量		农村居民	未换户迁移者	已换户迁移者	城镇居民
婚姻状况	未婚	0.064 (0.245)	0.125 (0.331)	0.046 (0.209)	0.146 (0.353)
	已婚	0.833 (0.373)	0.797 (0.403)	0.846 (0.361)	0.739 (0.439)
	离异/丧偶/分居	0.103 (0.304)	0.078 (0.268)	0.108 (0.310)	0.115 (0.320)
受教育年限		6.245 (3.942)	8.298 (4.163)	10.361 (4.142)	11.651 (3.841)
父代受教育年限		1.507 (2.945)	2.870 (3.753)	2.573 (3.884)	5.045 (5.038)
自评健康		0.740 (0.439)	0.867 (0.339)	0.831 (0.375)	0.881 (0.323)
医保参保情况		0.940 (0.237)	0.876 (0.329)	0.908 (0.290)	0.910 (0.286)
本套房屋产权		0.949 (0.220)	0.639 (0.481)	0.819 (0.386)	0.825 (0.380)
房产数量		1.102 (0.436)	1.047 (0.608)	1.119 (0.591)	1.106 (0.619)
绝对收入水平	低收入组	0.454 (0.498)	0.215 (0.411)	0.091 (0.288)	0.064 (0.244)
	中低收入组	0.307 (0.461)	0.293 (0.455)	0.228 (0.420)	0.176 (0.380)
	中高收入组	0.163 (0.369)	0.258 (0.438)	0.346 (0.476)	0.310 (0.463)
	高收入组	0.075 (0.264)	0.235 (0.424)	0.335 (0.472)	0.451 (0.498)
相对收入水平	低于平均水平	0.448 (0.497)	0.432 (0.495)	0.336 (0.472)	0.338 (0.473)
	等于平均水平	0.498 (0.500)	0.511 (0.500)	0.554 (0.497)	0.554 (0.497)
	高于平均水平	0.055 (0.227)	0.057 (0.232)	0.110 (0.313)	0.108 (0.311)
观测值		15602	7964	1804	11178

注：括号（）内为标准差。

三、模型设计

（一）基准模型：双变量有序 Probit 模型

现有关于个体幸福感的研究多借助于 OLS 和 Ordered Probit 等计量方法，但如果存在反向因果效应及遗漏变量问题，这些传统方法的估计结果可能是有偏的和不一致的。鉴于此，结合主观幸福感和社会阶层各项指标的性质，本章借鉴 Sajaia（2008）、Buscha 和 Conte（2014）以及殷金朋等（2019）的做法拟采用双变量有序 Probit（Bivariate Ordered Probit）模型来解决可能存在的内生性问题，以得到无偏且有效的估计结果。该模型包含两个 Ordered Probit 方程，在控制了相关解释变量的前提下，其中一个方程的因变量将作为自变量出现在另一个方程中。

根据本章的研究设想，将双变量有序 Probit 模型设定如下：

$$soc\_class_i^* = X_{1i}\beta_1 + \alpha Ins + \theta_1 migrant_i + \varepsilon_1 \tag{8-1}$$

$$happiness_i^* = X_{2i}\beta_2 + \gamma soc\_class_i + \theta_2 migrant_i + \varepsilon_2 \tag{8-2}$$

$$\left(\begin{matrix}\varepsilon_1\\ \varepsilon_2\end{matrix}\middle| X_{1i},\ X_{2i}\right) \sim N\left[\begin{pmatrix}0\\0\end{pmatrix},\ \begin{pmatrix}1 & \rho\\ \rho & 1\end{pmatrix}\right] \tag{8-3}$$

其中，$happiness_i^*$为个体的主观幸福感，$soc_class_i^*$为个体的社会阶层指标，包括职业阶层认同、主观阶层认同和预期阶层认同三个阶层认同指标，以及代际职业流动和主观阶层流动两个阶层流动指标。结合问卷特点，主观幸福感（$happiness_i^*$）和社会阶层（$soc\_class_i^*$）两个潜变量可定义如下：

$$happiness_i = \begin{cases} 1，若\ happiness_i^* \leqslant j_{11} \\ 2，若\ j_{11} < happiness_i^* \leqslant j_{12} \\ 3，若\ j_{12} < happiness_i^* \leqslant j_{13}， \\ 4，若\ j_{13} < happiness_i^* \leqslant j_{14} \\ 5，若\ j_{14} < happiness_i^* \leqslant j_{15} \end{cases}$$

$$soc\_class_i=\begin{cases}1,\ 若\ soc\_class_i^*\leqslant j_{21}\\2,\ 若\ j_{21}<soc\_class_i^*\leqslant j_{22}\\3,\ 若\ j_{22}<soc\_class_i^*\leqslant j_{23}\\\vdots,\ 若\ j_{2a}<soc\_class_i^*\leqslant j_{2(a+1)(3\leqslant a\leqslant 7)}\\9,\ 若\ j_{28}<soc\_class_i^*\leqslant j_{29}\\10,\ 若\ j_{29}<soc\_class_i^*\leqslant j_{2(10)}\end{cases} \tag{8-4}$$

此外，$migrant_i$ 表示受访者的迁移特征和户籍属性。X_{1i}、X_{2i} 分别表示影响社会阶层和主观幸福感的其他控制变量。式（8-2）中，系数 γ 表示不同社会阶层的个体主观幸福感差异。误差项 ε_1、ε_2 服从二元联合正态分布，而 $Corr(\varepsilon_1, \varepsilon_2)=\rho$ 表示两者之间的相关系数，参数 ρ 可以用来衡量变量 soc_class_i 和 $happiness_i$ 的相关性，若该参数具有统计学显著性，则表明变量 soc_class_i 具有内生性。若该参数不具有统计学显著性，则该模型相当于分别对两个 Ordered Probit 方程进行独立的估计，在满足大样本的条件下，最终的估计结果仍然是一致的。

在此情况下，$soc\_class_i=m$ 且 $happiness_i=n$ 发生的概率可表示为：

$$\begin{aligned}&Pr(soc\_class_i=m,happiness_i=n)\\&=Pr(j_{1(m-1)}<happiness_i^*\leqslant j_{1m},j_{2(n-1)}<soc\_class_i^*\leqslant j_{2n})\\&=Pr(happiness_i^*\leqslant j_{1m},soc\_class_i^*\leqslant j_{2n})\\&-Pr(happiness_i^*\leqslant j_{1(m-1)},soc\_class_i^*\leqslant j_{2n})\\&-Pr(happiness_i^*\leqslant j_{1m},soc\_class_i^*\leqslant j_{2(n-1)})\\&+Pr(happiness_i^*\leqslant j_{1(m-1)},soc\_class_i^*\leqslant j_{2(n-1)})\end{aligned} \tag{8-5}$$

假设 ε_1 和 ε_2 服从二元标准正态累积分布，可进一步转换进而得到如下概率形式：

$$\begin{aligned}&Pr(soc\_class_i=m,happiness_i=n)=\Phi(j_{1m}-X_{1i}\beta_1-\alpha Ins-\theta_1 migrant_i,(j_{2n}-X_{2i}\beta_2-\gamma soc\_class_i-\theta_2 migrant_i)\zeta_i,\tilde{\rho}_i)-\Phi(j_{1(m-1)}-X_{1i}\beta_1-\alpha Ins-\theta_1 migrant_i,\\&(j_{2n}-X_{2i}\beta_2-\gamma soc\_class_i-\theta_2 migrant_i)\zeta_i,\tilde{\rho}_i)-\Phi(j_{1m}-X_{1i}\beta_1-\alpha Ins-\theta_1 migrant_i,\\&(j_{2(n-1)}-X_{2i}\beta_2-\gamma soc\_class_i-\theta_2 migrant_i)\zeta_i,\tilde{\rho}_i)+\Phi(j_{1(m-1)}-X_{1i}\beta_1-\alpha Ins-\\&\theta_1 migrant_i,(j_{2(n-1)}-X_{2i}\beta_2-\gamma soc\_class_i-\theta_2 migrant_i)\zeta_i,\tilde{\rho}_i)\end{aligned} \tag{8-6}$$

其中，$\Phi(\cdot)$表示二元标准正态累积分布函数，$\tilde{\rho}_i = \zeta_i(\gamma_i + \rho)$，$\zeta_i = \frac{1}{\sqrt{\gamma_i^2 + 2\gamma_i\rho + 1)}}$。

似然方程可表示如下：

$$\ln L_i = \int_{-\infty}^{\infty} \prod_{m=1}^{M} \prod_{n=1}^{N} \Pr(soc\_class_i = m, happiness_i = n)^{I(soc\_class_i, happiness_i = n)} f(\gamma_i; \mu_\gamma, \sigma_\gamma^2) d\gamma_i \quad (8-7)$$

对式（8－7）取对数则可得相应的对数似然函数：

$$\ln L_i = \sum_{m=1}^{M} \sum_{n=1}^{N} I(soc\_class_i = m, happiness_i = n) \ln \Pr(soc\_class_i = m, happiness_i = n) \quad (8-8)$$

其中，f（γ_i；μ_γ，σ_γ^2）是关于γ_i的正态密度函数，I（·）表示当$soc_class_i = m$且$happiness_i = n$时自变量向量集合的一个指示函数。

对于变量soc_class_i可能存在的内生性问题，可以通过选取合适的工具变量来纠正潜在的估计偏误。本章以受访者所在省份2008年社会阶层指标的均值作为工具变量（Ins）。一方面，个体当前的社会阶层往往是以前社会阶层的惯性延续；另一方面，由于匹配层次不同以及时间差异，2008年的省级社会阶层均值并不会直接影响2010年以后的个体主观幸福感。因此，能够同时满足相关性和独立性假设，该工具变量是合理有效的。

（二）中介效应测度：KHB分解

如果因变量为分类变量或等级变量，通常采用非线性回归模型进行因果效应估计。然而，由于度量尺度问题，此时传统的中介效应测量技术将不再适用（温忠麟和叶宝娟，2014）。针对非线性模型中介变量的估测问题，很多学者提出了不同的解决方法。其中，运用最为广泛的是KHB方法（Karlson et al.，2012；Breen et al.，2018）。与其他方法类似，KHB方法也是通过对因变量、初始自变量以及中介变量之间的关系进行设定进而分解出中介效应。具体来说，包括三个步骤：

第一步，设定简化模型。检验不同分类群体对主观幸福感影响的总效应：

$$happiness_i^* = X\beta + \theta migrant_i + e \quad (8-9)$$

第二步，设定完整模型。检验不同分类群体对主观幸福感影响的直接效应：

$$happiness_i^* = X\beta' + \theta' migrant_i + \theta'' soc\_class_i + e' \quad (8-10)$$

第三步，由总效应和直接效应可得差分系数（$\theta - \theta'$），该差值就是核心自变量 $migrant_i$ 的间接效应，也即变量 soc_class_i 所发挥的中介作用。若差分系数显著为正，则表明变量 $migrant_i$ 的系数在中介变量的作用下减小，即中介变量在其中产生了中介效应；若差分系数显著为负，则表明该变量在其中产生了抑制效应。

（三）稳健性检验：倾向得分匹配（PSM）

在其他条件相同的情况下，社会经济地位或幸福感较低者往往更倾向于向外迁移以寻求机会改变现状，而未迁移的农村居民可能本身就拥有较高的社会阶层或主观幸福感，这就意味着农村劳动力的迁移行为并非随机的。此时如果直接采用计量模型来估计迁移行为对主观幸福感的影响效应，可能会由于“自选择”问题而导致严重的样本选择偏误。因此，本章根据个体特征变量对样本进行倾向得分匹配（PSM）以平衡数据，剔除迁移劳动力和农村居民可观测的个体异质性，使匹配后的处理组与控制组的个体特征保持一致。为了进一步区分户籍属性的影响，本章将分别对未换户迁移者（处理组）和农村居民（对照组）、已换户迁移者（处理组）和农村居民（对照组）进行倾向得分匹配。首先利用 Logit 回归估算个体乡城迁移的倾向得分：

$$P(X_i) = Pr(migrant_i = 1 \mid X_i) \quad (8-11)$$

其中，X_i 表示农村劳动力迁移的影响因素，也即匹配变量。根据倾向得分的共同支撑区域对处理组和对照组进行匹配，进而采用相应的匹配方法计算平均处理效应（ATT）：

$$ATT = E(Y_i^T - Y_i^C \mid migrant_i = 1) = E(Y_i^T \mid migrant_i = 1) - E(Y_i^C \mid migrant_i = 1) \quad (8-12)$$

其中，Y_i^T表示农村劳动力迁移之后的主观幸福感，Y_i^C表示假设农村居民迁移之后的幸福感反事实估计。平均处理效应（ATT）表示具有相同迁移倾向的迁移劳动力与农村居民之间的幸福感差异，即为迁移行为对农村迁移劳动力的幸福净效应。

四、实证结果与分析

（一）基准分析：劳动力迁移对社会阶层和主观幸福感的影响

如前所述，本章将劳动力迁移与社会阶层、幸福感的影响分为阶层认同与阶层流动两个维度分别进行考察，基于双变量有序 Probit 模型的估计结果如表 8 – 4、表 8 – 5 所示。模型 1 ~ 模型 3 包含不同维度的阶层认同指标，模型 4 ~ 模型 5 则是包括阶层流动变量的回归结果。结果显示，各个模型中两个方程的随机扰动项相关系数 ρ 均具有较强的统计学显著性，这表明关键解释变量确实存在内生性，并且模型设置中所选取的工具变量是有效的。此外，各模型中参数 r 均显著为正，这表明各社会阶层指标与主观幸福感之间存在着正向的内在联系，在控制其他变量的情况下，社会阶层在一定程度上影响着居民的主观幸福感。

表 8 – 4 和表 8 – 5 中，不同分类的城乡居民群体主观幸福感存在显著差异，该结果在不同的模型中具有高度的一致性。未换户迁移者对应的幸福感回归系数均显著为负，这表明相对于农村居民（参照组）而言，未换户迁移者往往面临着更高的幸福损失风险。与之相反，已换户迁移者和城镇居民的主观幸福感却显著更高。不难推断，拥有城镇户籍的受访者感知到的幸福程度在所有城乡居民中是最高的。而从社会阶层方程可以看出，不同模型中迁移特征对各个阶层认同和阶层流动指标的影响并不一致。首先，从阶层认同维度来看，无论是否发生户籍身份转换，迁移人口的职业阶层认同均得到了显著提升，这与城镇人口的影响系数是一致的。这意味着，从农村到城镇的迁移能够创造更多的就业机会，拓宽了劳动力的职业选择空间。然而，从主

观指标来看，未换户迁移者对应的主观阶层认同和预期阶层认同回归系数则显著为负。究其原因，随着劳动力从农村迁移到城镇，其所处的社会经济环境也会发生较大的变化，参照对象也由农村居民变为城镇居民，然而由于户籍壁垒，未换户迁移者并不能同步享受到城镇的社会保障以及福利等户籍关联待遇，进一步强化了主观感知的社会阶层下移倾向。尤其对于远距离迁移的农村劳动力来说，文化习俗、生活习惯、社交圈子等差异更容易使其产生“边缘人”的感觉。与其他阶层认同指标不同，相对于参照组而言，已换户迁移者和城镇居民的预期阶层指标的回归系数均显著为负。其原因在于，随着近年来乡村振兴战略的提出，一系列“三农”利好政策促进了农村地区的“加速度”发展，使农村居民对未来生活的期望值同样以“加速度”上升，而其他群体对未来阶层的预期则相对下降。其次，从阶层流动维度来看，未换户迁移者、换户迁移者以及城镇居民的影响系数均为正值，且在1%的统计水平上显著。这表明与农村居民相比，迁移人口与城镇居民的代际职业阶层均呈现出显著的向上流动倾向。尽管城乡整体的代际职业阶层流动性较弱（代际职业传承的比例为54.58%），但是由于农村家庭子女职业向上流动存在着明显的“天花板效应”（周兴和张鹏，2015），相对而言，城镇多层次的就业市场为代际职业阶层向上流动提供了更多的可能性。未换户迁移者的回归系数要小于已经进行户籍转换的受访者，这可能是由于劳动力市场分割使农村户籍的迁移者多集中于低端行业所导致的。

从以上分析不难看出，无论是社会阶层还是主观幸福感，换户迁移者均呈现出与城镇居民趋同的趋势。与农村居民相比，未换户迁移者的客观职业阶层认同和流动均有显著改善，而主观阶层认同和流动指标则显著下降，且各个模型均显示出了负向的幸福效应。作为迁移群体的主力，未换户迁移者的幸福感既无法与换户迁移者和城镇居民相抗衡，甚至也比不上农村居民，成了名副其实的“弱势群体”。不同分类群体对客观阶层与主观阶层认知的不一致性，也从侧面验证了阶层地位认同偏移现象，个体的主观认知评价更容易受周围参照系的影响，“不患寡而患不均”的横向公平更利于提升个体的主观阶层认知。

表 8-4　劳动力迁移、社会阶层认同与主观幸福感的估计结果

变量	模型 1		模型 2		模型 3	
	主观幸福感	职业阶层认同	主观幸福感	主观阶层认同	主观幸福感	预期阶层认同
r	0.182 ** (0.074)	—	0.539 *** (0.084)	—	0.501 *** (0.010)	—
迁移特征与户籍属性（以农村居民为基准组）						
未换户口迁移者	-0.063 *** (0.020)	0.562 *** (0.020)	-0.032 ** (0.016)	-0.050 * (0.030)	-0.048 *** (0.015)	-0.035 ** (0.014)
已换户口迁移者	0.067 ** (0.031)	0.616 *** (0.029)	0.055 ** (0.025)	0.134 *** (0.029)	0.060 *** (0.023)	-0.083 *** (0.023)
城镇居民	0.106 *** (0.019)	0.394 *** (0.020)	0.073 *** (0.016)	0.042 ** (0.019)	0.161 *** (0.016)	-0.226 *** (0.014)
性别	-0.115 *** (0.014)	0.350 *** (0.014)	-0.066 *** (0.012)	-0.125 *** (0.012)	0.127 *** (0.011)	-0.110 *** (0.010)
年龄（以 16~25 岁为基准组）						
26~35 岁	-0.392 *** (0.034)	0.991 *** (0.025)	-0.314 *** (0.020)	-0.152 *** (0.022)	-0.294 *** (0.020)	0.134 *** (0.018)
36~45 岁	-0.455 *** (0.032)	1.096 *** (0.025)	-0.372 *** (0.019)	-0.155 *** (0.020)	-0.319 *** (0.030)	0.009 (0.016)
46~55 岁	-0.444 *** (0.025)	0.891 *** (0.025)	-0.372 *** (0.019)	-0.169 *** (0.020)	-0.360 *** (0.022)	-0.118 *** (0.016)
56~65 岁	-0.255 *** (0.016)	0.230 *** (0.029)	-0.222 *** (0.018)	-0.124 *** (0.020)	-0.284 *** (0.017)	-0.192 *** (0.016)
民族	0.121 *** (0.020)	0.032 (0.029)	0.118 *** (0.024)	0.078 *** (0.027)	0.149 *** (0.020)	0.146 *** (0.019)
政治面貌	-0.076 *** (0.011)	0.017 (0.014)	-0.086 *** (0.011)	-0.012 (0.013)	-0.149 *** (0.010)	0.094 *** (0.013)
宗教信仰	-0.087 *** (0.018)	-0.020 (0.023)	-0.069 *** (0.019)	-0.020 (0.021)	0.068 *** (0.018)	-0.131 *** (0.016)
自评健康	0.242 *** (0.015)	0.213 *** (0.022)	0.231 *** (0.016)	0.135 *** (0.017)	0.248 *** (0.015)	0.144 *** (0.014)
本套房屋产权	0.078 *** (0.016)	—	0.045 *** (0.017)	0.071 *** (0.019)	0.091 *** (0.015)	-0.046 *** (0.015)
房产数量	0.099 *** (0.010)	—	0.082 *** (0.011)	0.077 *** (0.012)	0.023 ** (0.011)	0.095 *** (0.009)

续表

变量	模型 1		模型 2		模型 3	
	主观幸福感	职业阶层认同	主观幸福感	主观阶层认同	主观幸福感	预期阶层认同
医疗保险	0.091 *** (0.019)	—	0.095 *** (0.020)	0.062 *** (0.022)	0.096 *** (0.019)	0.059 *** (0.018)
受教育年限	0.006 ** (0.002)	0.082 *** (0.003)	0.006 *** (0.002)	0.054 *** (0.007)	0.013 *** (0.002)	0.021 *** (0.002)
父代受教育年限	0.005 ** (0.002)	0.030 *** (0.002)	0.004 ** (0.002)	—	0.013 *** (0.002)	—
婚姻状况（以未婚为基准组）						
已婚	0.347 *** (0.021)	-0.152 *** (0.025)	0.289 *** (0.022)	0.210 *** (0.024)	0.402 *** (0.021)	-0.212 *** (0.019)
离异/丧偶/分居	0.091 *** (0.026)	-0.333 *** (0.037)	0.051 * (0.027)	0.103 *** (0.030)	0.133 *** (0.044)	-0.396 *** (0.024)
绝对收入（以低收入组为基准组）						
中低收入组	0.144 *** (0.016)	0.320 *** (0.023)	0.109 *** (0.017)	0.149 *** (0.018)	0.182 *** (0.015)	0.133 *** (0.014)
中高收入组	0.148 *** (0.019)	0.455 *** (0.024)	0.117 *** (0.020)	0.262 *** (0.020)	0.145 *** (0.018)	0.163 *** (0.016)
高收入组	0.113 *** (0.026)	0.621 *** (0.025)	0.113 *** (0.025)	0.403 *** (0.024)	0.111 *** (0.020)	0.229 *** (0.018)
相对收入（以低于平均水平为基准组）						
等于平均水平	0.454 *** (0.013)	0.094 *** (0.015)	0.298 *** (0.029)	0.746 *** (0.014)	0.254 *** (0.029)	0.586 *** (0.011)
高于平均水平	0.682 *** (0.026)	0.2933 *** (0.027)	0.486 *** (0.044)	1.122 *** (0.027)	0.431 *** (0.047)	0.955 *** (0.021)
地区	控制	控制	控制	控制	控制	控制
年份	控制	控制	控制	控制	控制	控制
ρ	-0.118 ** (0.058)		-0.100 * (0.052)		-1.129 *** (0.077)	
观测值	38207		36548		37290	

注：(1) 表中括号（）内为稳健性标准误；(2) ***、**、* 分别表示估计系数在1%、5%、10%的统计水平上显著；(3) ρ 的显著性水平由对 ρ=0 假设的 wald 检验得到。

表 8－5　劳动力迁移、社会阶层流动与主观幸福感的估计结果

变量	模型 4		模型 5	
	主观幸福感	代际职业流动	主观幸福感	主观阶层流动
r	0.792 *** (0.114)	—	0.337 *** (0.032)	—
迁移特征与户籍属性（以农村居民为基准组）				
未换户口迁移者	－0.052 * (0.029)	0.096 *** (0.029)	－0.039 ** (0.016)	－0.046 * (0.025)
已换户口迁移者	0.063 ** (0.026)	0.265 *** (0.016)	0.071 *** (0.026)	－0.016 (0.026)
城镇居民	0.158 *** (0.038)	0.077 *** (0.019)	0.056 *** (0.018)	－0.014 (0.016)
性别	－0.180 *** (0.015)	0.241 *** (0.012)	－0.083 *** (0.011)	－0.041 *** (0.011)
年龄（以 16～25 岁为基准组）				
26～35 岁	－0.583 *** (0.034)	0.702 *** (0.022)	－0.362 *** (0.019)	0.177 *** (0.021)
36～45 岁	－0.596 *** (0.026)	0.584 *** (0.019)	－0.419 *** (0.018)	0.142 *** (0.019)
46～55 岁	－0.492 *** (0.018)	0.314 *** (0.017)	－0.397 *** (0.017)	0.003 (0.018)
56～65 岁	－0.192 *** (0.021)	－0.058 *** (0.016)	－0.238 *** (0.017)	－0.034 * (0.018)
民族	0.109 *** (0.020)	0.021 (0.021)	0.119 *** (0.024)	0.075 *** (0.023)
政治面貌	－0.076 *** (0.012)	－0.037 *** (0.012)	－0.087 *** (0.011)	0.018 (0.012)
宗教信仰	－0.102 *** (0.018)	0.059 *** (0.018)	－0.081 *** (0.018)	0.020 (0.019)
自评健康	0.288 *** (0.023)	0.101 *** (0.014)	0.236 *** (0.015)	0.120 *** (0.015)
本套房屋产权	0.069 *** (0.015)	—	0.037 ** (0.016)	0.133 *** (0.017)

续表

变量	模型 4		模型 5	
	主观幸福感	代际职业流动	主观幸福感	主观阶层流动
房产数量	0.097 *** (0.011)	—	0.097 *** (0.011)	0.018 * (0.011)
医疗保险	0.082 *** (0.021)	—	0.089 *** (0.019)	0.087 *** (0.020)
受教育年限	0.005 *** (0.002)	0.007 *** (0.002)	0.012 *** (0.002)	-0.017 *** (0.002)
父代受教育年限	0.013 *** (0.002)	-0.016 *** (0.002)	0.008 *** (0.002)	-0.004 ** (0.002)
婚姻状况（以未婚为基准组）				
已婚	0.327 *** (0.024)	-0.023 (0.024)	0.358 *** (0.021)	-0.106 *** (0.022)
离异/丧偶/分居	0.113 *** (0.027)	-0.055 * (0.028)	0.134 *** (0.027)	-0.297 *** (0.027)
绝对收入（以低收入组为基准组）				
中低收入组	0.111 *** (0.017)	0.034 ** (0.014)	0.122 *** (0.015)	0.071 *** (0.016)
中高收入组	0.106 *** (0.020)	0.087 *** (0.017)	0.133 *** (0.017)	0.097 *** (0.018)
高收入组	0.057 ** (0.025)	0.187 *** (0.020)	0.126 *** (0.020)	0.137 *** (0.020)
相对收入（以低于平均水平为基准组）				
等于平均水平	0.380 *** (0.022)	0.072 *** (0.012)	0.396 *** (0.014)	0.309 *** (0.012)
高于平均水平	0.563 *** (0.039)	0.149 *** (0.027)	0.635 *** (0.025)	0.431 *** (0.024)
地区	控制	控制	控制	控制
年份	控制	控制	控制	控制
ρ	-0.584 *** (0.103)		-0.155 *** (0.025)	
观测值	34933		38031	

注：(1) 表中括号 () 内为稳健性标准误；(2) *** 、** 、* 分别表示估计系数在 1% 、5% 、10% 的统计水平上显著；(3) ρ 的显著性水平由对 ρ =0 假设的 wald 检验得到。

除了迁移特征及户籍属性之外，其他一些因素也会对受访者的社会阶层以及主观幸福感产生影响。值得指出的，一是年龄。对于主观幸福感来说，各年龄段的回归系数均为负值，且在1%的统计水平上显著。从系数间的差异不难发现，幸福感随着年龄的增长呈“U”形变化。这一结果与大多数的相关研究结论一致。通过对各个模型方程的简单计算，得到拐点处于［38.78，43.77］岁。这意味着，随着年龄的增长，由于生活和工作压力等因素导致幸福感首先呈现出下降趋势，直到跨过“中年危机”时期之后又会逐渐反弹。与之相反，年龄与各项社会阶层指标则呈现出明显的倒“U”形关系，即社会阶层存在着显著的年龄效应（田丰，2017），其拐点处于［39.33，44.12］岁。二是受教育程度。模型1～模型3中，主观幸福感以及各项阶层认同指标所对应的教育年限回归系数均显著为正，这说明个体受教育程度与父代受教育程度对受访者的幸福感知和主客观阶层认同有显著的正向效应。而在模型4～模型5中，虽然受教育程度对幸福感的正向影响依然存在，但是自身受教育程度对主观阶层流动的影响系数却为负值，而父代受教育程度对主客观阶层流动的影响均为负值。较多的研究肯定了教育在代际职业阶层流动中的积极作用，然而在教育需求呈现多元化、就业环境日益复杂化的背景下，教育水平与个体主观阶层流动之间的关联似乎并未得到足够的重视。近年来，随着高等教育日益大众化、产业结构调整升级，职业门槛提升，教育与产业迭代的不匹配与滞后性导致了劳动力市场的残酷“竞争”格局。因此，随着受教育程度的提升，个体的生存压力可能更大。与父代的“铁饭碗”相比，主观阶层突围的比较基准或许早已改变。当教育水平与个体的资本需求匹配失衡，主观感知的阶层突围可能会被弱化。毫无疑问，教育是促进个体资本增值的主要因素，但是地位获得感低或已成为教育及其有关环境变化的结果之一，这将直接抑制个体的阶层流动感知（周向伟和张天雪，2020）。父辈的受教育水平对代际职业阶层流动负向效应显著，可能的原因在于阶层流动的“先赋机制”，子承父业，职业地位的代际传承在一些精英阶层和弱势群体中体现得最为突出（胡建国等，2019）。此外，父辈的受教育程度越高，对子女的期望通常也越高。然而，当期待值超出合理的范围之后，往往会对子女的阶层流动感知形成负向压力，从而造成更大的心理落差。三是绝对收入水平与相对收入水平。估计结果表明，个体的绝对收入和相对收入水平对其主观幸福感和社会阶层有显著的正向影响，而且不难发现的是，相对于绝对收入水平而言，相对收入水平对主观幸福感的影响更为重要。这是由于，主观幸福感更易受周围环境的影响，通常是个体将自身生活状况与周围其他人进行比较的综合结果（Akay et al.，2012）。

（二）中介效应：迁移行为及户籍属性的幸福效应与阶层效应

由前面可知，社会阶层可能是迁移与户籍属性影响主观幸福感的间接渠道。基准回归结果表明，各项社会阶层指标的幸福效应显著，这意味着在不同特征的分类群体中，阶层认同和阶层流动在一定程度上影响着个体的主观幸福感。然而这只是一种粗略的估计，在这一逻辑链条中社会阶层是否真的充当着中介变量？如果是，那么其中介效应的贡献率有多大？本章基于 KHB 方法对社会阶层各项指标对幸福感的影响效应进行分解和统计检验，结果如表 8－6 所示。

表 8－6　迁移特征与户籍属性对主观幸福感影响的 KHB 分解结果

变量		未换户迁移者	换户迁移者	城镇居民
职业阶层认同	总效应	－0.030* (0.016)	0.042*** (0.013)	0.078*** (0.016)
	直接效应	－0.036** (0.016)	0.036*** (0.010)	0.072*** (0.013)
	间接效应	0.006*** (0.002)	0.006*** (0.002)	0.005*** (0.002)
	间接效应贡献率	－18.212%	14.559%	6.830%
主观阶层认同	总效应	－0.030* (0.016)	0.042*** (0.013)	0.075*** (0.017)
	直接效应	－0.027** (0.016)	0.038*** (0.010)	0.074*** (0.017)
	间接效应	－0.003* (0.002)	0.004* (0.002)	0.001* (0.000)
	间接效应贡献率	9.272%	8.852%	0.671%

续表

变量		未换户迁移者	换户迁移者	城镇居民
预期阶层认同	总效应	-0.031* (0.016)	0.042*** (0.014)	0.072*** (0.017)
	直接效应	-0.026* (0.016)	0.039*** (0.014)	0.063*** (0.014)
	间接效应	-0.005 (0.013)	0.003 (0.015)	0.009 (0.015)
	间接效应贡献率	14.754%	7.126%	11.838%
代际职业流动	总效应	-0.029** (0.015)	0.0420*** (0.013)	0.078*** (0.016)
	直接效应	-0.032** (0.015)	0.031** (0.013)	0.059*** (0.017)
	间接效应	0.003** (0.001)	0.011*** (0.001)	0.019*** (0.002)
	间接效应贡献率	-10.239%	26.072%	24.249%
主观阶层流动	总效应	-0.030* (0.016)	0.042*** (0.013)	0.078*** (0.016)
	直接效应	-0.023 (0.016)	0.044*** (0.013)	0.092*** (0.017)
	间接效应	-0.008*** (0.002)	-0.002*** (0.001)	-0.014*** (0.003)
	间接效应贡献率	25.743%	-5.251%	-18.557%

注：(1) 表中括号 () 内为稳健性标准误；(2) ***、**、* 分别表示估计系数在 1%、5%、10% 的统计水平上显著。

KHB 分解结果显示，从总效应来看，不同分类群体之间的主观幸福感具有显著差异，与农村居民（参照组）相比，未换户迁移者的主观幸福感更低，而换户迁移者与城镇居民的主观幸福感更高，且在 1% 的统计水平上显著。从直接效应来看，迁移行为对未换户迁移者的直接影响均为负值。与此对应，已换户迁移者以及城镇居民的直接效应则为正值。这表明户籍壁垒是抑制个体幸福感的主要因素之一。

从间接效应来看，预期阶层认同指标的间接效应并未通过显著性检验，说明迁移特征和户籍属性并不通过预期阶层认同进而对个体幸福感产生显著影响。其原因可能在于10年的时期跨度会弱化某些个体对未来阶层预期的敏感性。除此之外，其他的社会阶层指标则展现了显著的中介效应或抑制效应。值得注意的是，对于未换户迁移者来说，职业阶层认同和代际职业流动对幸福感的间接效应约占总效应的 -18.21%、-10.24%，这意味着该中介变量起到了抑制效应（suppressing effect），该结果表明迁移进城有利于促进职业阶层向上流动和幸福感提升，但由于数值较小，其正向影响未能扭转迁移本身带来的负向直接影响。类似地，已换户迁移者与城镇居民的主观阶层流动变量均显示了抑制效应，其贡献率分别为 -5.25%、-18.56%。这是由于城乡发展日趋融合导致的，过去10年里尽管各分类群体的主观阶层均有向上流动的趋势，但是农村居民向上流动的更快，展现了相对优势（农村居民、已换户迁移者与城镇居民的主观阶层向上流动比例分别为63.38%、53.37%和46.09%）。

综上所述，不涉及户籍转换的迁移有助于改善职业阶层认同和流动，但却不利于主观阶层感知。但无论如何，由于迁移行为所带来的社会阶层改变并不能转变迁移本身的负向幸福效应。

（三）异质性分析：基于似不相关回归模型（SUR）的检验

为了检验迁移行为对个体的社会阶层和主观幸福感影响是否存在群体差异，我们依据迁移区域、迁移距离、迁移时间以及迁移方式等迁移特征对样本进行分组①。为了验证变量在两组之间的系数是否存在显著差异，本章以 Ordered Probit 模型为基础，利用似不相关回归模型（seemingly unrelated regression，SUR）分别对每个分类的两个样本组进行联合估计，对组间系数差异的显著性进行检验（连玉君和廖俊平，2017），具体结果如表8-7所示。

① 由于已换户迁移者与城镇居民的趋同性，这里主要以未换户迁移者为研究对象。

表 8-7　　基于似不相关回归模型（SUR）的检验结果

分组类型		(1) 主观幸福感	(2) 职业阶层认同	(3) 主观阶层认同	(4) 预期阶层认同	(5) 代际职业流动	(6) 主观阶层流动
迁移区域	东部地区	-0.069*** (0.026)	0.268*** (0.031)	-0.071** (0.029)	-0.030 (0.024)	0.256*** (0.029)	-0.047* (0.028)
	中西部地区	-0.028 (0.020)	0.558*** (0.026)	-0.047** (0.021)	-0.034* (0.018)	0.361*** (0.026)	-0.026 (0.022)
	P值	0.071*	0.000***	0.494	0.903	0.007***	0.567
迁移距离	本地迁移	-0.032* (0.017)	0.144*** (0.047)	-0.052 (0.049)	-0.031 (0.039)	0.288*** (0.022)	-0.060 (0.048)
	外地迁移	-0.072* (0.043)	0.499*** (0.022)	-0.033* (0.019)	-0.035** (0.016)	0.291*** (0.046)	-0.041** (0.019)
	P值	0.040**	0.000***	0.101	0.930	0.950	0.052*
迁移时间	5年以上	-0.032** (0.016)	0.485*** (0.021)	-0.099** (0.045)	-0.031** (0.015)	0.323*** (0.021)	-0.043** (0.018)
	5年及以下	-0.020 (0.060)	0.020 (0.065)	-0.066 (0.076)	-0.007 (0.056)	0.154 (0.064)	-0.065 (0.072)
	P值	0.085*	0.000***	0.708	0.677	0.011**	0.150
迁移方式	孤身迁移	-0.051** (0.023)	0.405*** (0.078)	-0.055** (0.027)	-0.087*** (0.026)	0.386*** (0.064)	-0.060 (0.060)
	家人随迁	-0.028 (0.023)	0.453*** (0.021)	-0.007 (0.027)	-0.042* (0.025)	0.314*** (0.020)	-0.037** (0.018)
	P值	0.048**	0.556	0.021**	0.021**	0.285	0.713

注：（1）表中括号（）内为稳健性标准误；（2）***、**、*分别表示估计系数在1%、5%、10%的统计水平上显著；（3）“P值”用于检验组间系数差异的显著性；（4）为了内容更为清晰简洁，表中仅报告了核心解释变量的估计结果。

接下来我们就不同的分组回归结果展开讨论。

第一，从迁移区域来看，由于经济发展不平衡，中西部地区企业的劳动力生产率和回报率始终落后于东部地区。农村劳动力迁移的最初动力通常来自收入诱导，这也是大多数劳动力向东部地区迁移的主要原因。但是表 8-7

的回归结果表明，向东部地区迁移的劳动力主观幸福感却显著更低。这可能是由于，相对于中西部地区来说，东部地区收入水平更高，但这同时也意味着对于劳动力的吸引力更强，岗位竞争更为激烈，压力更大。此外，尽管东部地区就业机会更多，但是由于劳动力市场分割，加上竞争激烈带动就业门槛提升，导致中西部地区的职业阶层认同和代际职业流动均显著优于东部地区。

第二，从迁移距离来看，外地迁移者主观幸福感下降的幅度显著低于本地迁移者。迁移距离越远，生活方式、民俗文化、社会环境等差异越大，伴随着远离家乡和亲人导致的社交网络缺失，极易降低个体归属感和社会适应性。然而，从职业阶层认同来看，向外迁移往往能够带来更多的就业机会，提高职业层次。

第三，从迁移时间来看，在城镇生活的时间越长越有利于职业阶层的代内和代际流动。不可否认，工作经验的积累、社会融入度的相对提高可以促进迁移劳动力职业阶层提升，但这并不意味着个体的主观幸福感也能得到同步改善。随着迁移者在城镇的居住时间拉长，他们在进行主观幸福感评价时更倾向于选择周围的城镇居民作为参照组，更易产生强烈的相对剥夺感。同时，这一结果也侧面说明了迁移过程中产生的负向心理效应并未随着迁移时间的增加而逐渐消除，反而可能会恶化，农村迁移者很难通过自身调整实现与城镇的融合。

第四，从迁移方式来看，孤身迁移的受访者主观幸福感损失更为显著。孤身迁移与家人随迁的社会阶层差异也主要体现在更易受心理感知影响的主观阶层认同、预期阶层认同两个方面。这表明亲人团聚、家庭照料、社会关系及支持是影响迁移劳动力主观幸福感的重要因素。

（四）稳健性检验：基于倾向得分匹配（PSM）的反事实估计

农村劳动力迁移行为可能存在“自选择”问题而造成样本选择偏差，因此，本章利用 PSM 进行反事实模拟来纠正可能存在的选择性偏误。

图 8 - 1 和图 8 - 2 分别展示了两次匹配前后处理组和对照组的倾向得分分布情况。从核密度曲线图可以看出匹配效果较好，在匹配之后两组样本分

布形态更为接近，此时可以将每次匹配的两组样本近似看作来自同一总体的两次随机抽样。接下来本章将基于匹配后的样本，探讨迁移行为对个体主观幸福感的影响差异。

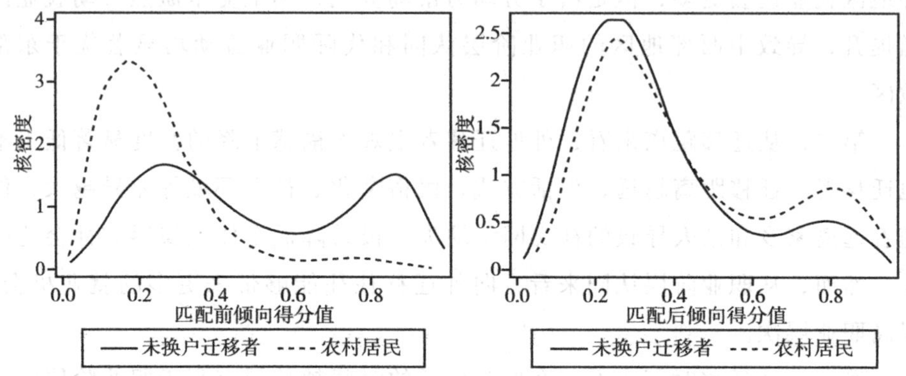

图 8-1 未换户迁移者与农村居民的倾向得分核密度曲线

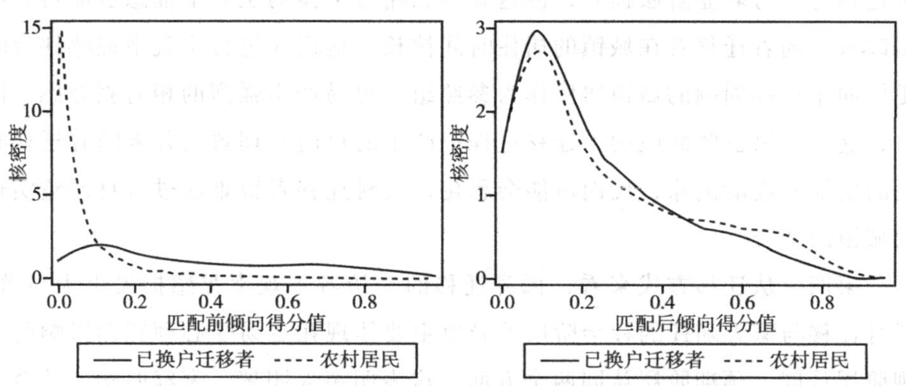

图 8-2 已换户迁移者与农村居民的倾向得分核密度曲线

表 8-8 展示了不同匹配方法之下迁移特征和户籍属性对迁移劳动力主观幸福感影响的净效应。平均处理效应（ATT）的结果表明，在剔除了可观测的样本间系统性差异之后，未进行户籍转换的劳动力迁移对个体的主观幸福感有显著的负向效应。进行了户籍转换之后，劳动力迁移对个体主观幸福感的影响却显著为正。这与前面的研究结论是一致的。

表 8-8 基于不同方法的倾向得分匹配结果

分组	匹配方法	ATT	标准差	t 值	处理组观测值	对照组观测值
未换户迁移者 =1，农村居民 =0	最近邻匹配（1∶4）	-0.0325	0.0155	-2.09**	8539	16756
	半径匹配	-0.0321	0.0142	-2.26**	8542	16757
	核匹配	-0.0330	0.0141	-2.35**	8542	16757
	局部线性匹配	-0.0277	0.0182	-1.53	8542	16757
已换户迁移者 =1，农村居民 =0	最近邻匹配（1∶4）	0.0934	0.0352	2.65***	1909	16250
	半径匹配	0.0696	0.0324	2.15**	1879	16250
	核匹配	0.0729	0.0327	2.23**	1909	16250
	局部线性匹配	0.0785	0.0455	1.73*	1909	16250

五、本章小结

近年来，我国的城镇化建设和城市发展取得了举世瞩目的成就。但值得注意的是，城镇化的进程也正在逐步放缓，主要表现为农民工数量增速逐年降低，尤其是乡城迁移的外出劳动力。传统经济学的趋利动机无法对这种现象作出合理的解释，而幸福感作为个体生活状况的客观和主观效用的综合评价指标可以合理地度量真实的生活质量和福利状况。鉴于此，本章通过比较不同群体之间的主观幸福感差异来评估迁移行为和户籍差异所导致的主观幸福感变化，并引入社会阶层中介变量，以探讨劳动力迁移、社会阶层与个体主观幸福感之间的链式影响机制。

本章利用 2010～2017 年中国综合社会调查（CGSS）数据，研究发现：（1）未换户迁移者的主观幸福感既无法与已换户迁移者和城镇居民相抗衡，也比不上农村居民，这意味着不涉及户籍转换的迁移过程往往伴随着幸福损失。利用倾向得分匹配法（PSM）剔除“自选择”问题之后的结果依然支持该结论。（2）迁移行为有利于促进职业阶层的代内和代际正向流动，但对于未换户迁移者来说，同时也会对主观阶层认同和流动产生负向效应。（3）已换户迁移者与城镇居民的主观幸福感和社会阶层均表现出较强的趋同性，这表明户籍制度背后隐藏的公共资源可及性差异是造成幸福弱化的一个重要原因。(4) 通过 KHB 方法对效应进行分解可知，除了主观预期阶层之外，其他社会阶层指标均展示了显著的中介效应或抑制效应。对于未换户迁移者来说，主观阶层认同和流动在迁移的幸福效应中发挥了中介作用，其贡献率分别为 9.27%、25.74%，而职业阶层认同和代际阶层流动则起到了抑制作用，其贡献率分别为 -18.21%、-10.24%。(5) 异质性分析表明，向东部地区迁移、外地迁移和个体孤身迁移的受访者面临着更高的幸福损失，且这种对幸福感的负向效应不随迁移时间的延长而弱化。

通过上述研究结论，可得到以下政策启示：首先，随着农村的发展速度加快，个体对幸福感的认知已经成为现阶段农村劳动力乡城迁移主要决定因素。为了提升城市的人口“引力”，经济发达地区需要对迁移劳动力的生活质量和福利水平给予更多的关注。其次，家人随迁是实现迁移劳动力亲人团聚、家庭照料和获取亲情支持的重要方式，因此应当顺应形势鼓励劳动力的家庭化迁移，同时完善子女教育、住房、医疗、社会保障等基本公共服务的配套措施，免除其后顾之忧。最后，深化户籍制度改革，促进农业转移人口市民化，改善当前人口城镇化和户籍城镇化的失衡局面是推进新型城镇化的内在要求，是衡量新型城镇化是否做到“以人为本”的重要依据。进行户籍转换有助于农村迁移劳动力享受与城镇本地居民同等的社会保障与公共服务权利，消除劳动力市场分割获取均等的就业机会，增强其融入感和归属感，这是提升迁移群体社会阶层和幸福感的重要途径。

| 第九章 |

结论与政策建议

一、主要研究结论

本书以当前中国农民工数量日益增加、全民健康水平提升为出发点，紧密围绕“如何通过流动与健康的关系研究提升农民工健康人力资本”这一问题展开，通过对各地区农民工流动与健康的现状、理论以及相关的实证分析和经验总结，从农民工市民化和提升农民工健康人力资本两个层面，构建提升农民工健康水平落实“健康中国”战略的政策体系和路径。首先，对劳动力的迁移理论和流动动机进行梳理，从不同的角度解释了人口流动与迁移的动机，并对农民工流动与健康的关系进行梳理，深入剖析了农民工流动与健康的双向影响机理。其次，通过对全国农民工的流动态势及农民工的健康问题进行综合分析，初步了解了中国农民工流动与健康问题的主要现实。再次，结合人口流动的“健康选择效应”“健康损耗效应”以及“三文鱼偏误效应”等理论假说，分别从健康对农民工流动意愿的影响、农民工流动对生理健康的影响、农民工流动对心理健康的影响，以及健康对农民工回流返乡决策的影响等角度展开实证分析。基于 2008 ~ 2009 年中国城乡劳动力流动调查数据（RUMIC）、2013 年中国家庭收调查数据（CHIP）、2015 年中国家庭营养与健康调查统计数据（CHNS），利用双变量 Probit 模型、嵌套的固定效应 Logit 模型等实证方法，对于上述理论假说进行了验证。进一步地，考虑到城镇化的进程也正在逐步放缓，主要表现为农民工数量增速逐年降低，尤其是乡城迁移的外出劳动力。传统经济学的趋利动机无法对这种现象作出合理的解释，而幸福感作为个体生活状况的客观和主观效用的综合评价指标可以合理地度量真实的生活质量和福利状况。鉴于此，利用 2010 ~ 2017 年中国综合社会调查（CGSS）数据，通过迁移特征和户籍属性对样本进行分类，实证考察了劳动力迁移对社会阶层和个体主观幸福感的影响，并利用 KHB 方法对社会阶层的中介作用进行了分解和检验。最后，在相关理论和实证分析的基础上，总结了本书的主要研究结论，对于当前如何促进“以人为核心”的新型城镇化、加快农民工市民化进程，以及提升农民工综合健康水平等提出了有针对性的政策建议。

基于以上研究工作，本书的主要观点和结论如下。

第一，农民工的流动态势及健康方面。从农民工流动态势来看，自 1984 年以来，农民工持续增长，但是近年来增速有放缓的趋势。农民工主要流向东部地区，但随着时间的推移，东部地区对劳动力的吸引力呈现下降趋势，而中部地区和西部地区的人才引力则不断增强。新生代农民工占农民工总量的比重逐年提高，到 2017 年，新生代农民工的数量首次超过了一代农民工，成为新时期产业工人的主力。就从业行业而言，虽然目前农民工的就业范围仍然以制造业和建筑业为主，但同时越来越多的农民工也在向批发零售、餐饮等第三产业流动。此外，由于农民工的就业层次较低，加上工作环境恶劣以及权益保障不公平等因素的影响，增加了他们的健康风险。

第二，健康水平对农村劳动力的流动意愿影响方面。健康水平对于农村劳动力的流动意愿具有显著的正向效应，身体健康状况较好的农村劳动力，外出从业的意愿越强，这一结论验证了农民工流动存在健康选择效应。异质性分析结果表明，男性群体的身体健康状况对流动意愿的正向效应显著更强。随着年龄的增长，流动的健康选择效应逐渐减弱。从收入水平对农村劳动力流动的影响来看，收入层次越低，相对生活水平越低，健康状况对劳动力流动意愿的正向影响越强，这从侧面验证了提高收入水平、改善社会经济地位是农村劳动力外出务工的主要动因之一。同时这也意味着，自评健康水平越低，潜在的健康风险越高，由于城乡的医疗资源、医疗成本差异，受访者外出务工的医疗开支可能也会提升。因此，作为一个以增加经济收益为主要目的的农村劳动力，当健康状况较差时其流动倾向也会越低。

第三，农民工流动对其生理健康的影响方面。相对于农村留守人员来说，农民工的综合健康水平更差，自评健康水平更低，慢性病患病率相对更高，而城镇居民则具有显著的健康优势。农民工流动过程中同时存在健康选择效应与健康损耗效应，两者共同作用直接对城乡居民的健康差异产生影响。使处于不同健康状态的居民在城乡之间重新分布，一方面降低了农村居民的平均健康状况，另一方面提高了城镇居民的平均健康水平。在当前城乡分隔的背景下，大规模的农民工流动会将一部分健康风险和疾病负担转移给农村地区，这不仅不利于农村居民生活质量的提高，还会进一步加剧城乡的卫生资源配置不均衡，限制农村社会经济的发展。

第四，农民工流动对其心理健康的影响方面。与城镇本地人口相比，农民工的心理健康状态显著更差。此外，农民工的流动决策存在同群效应。外出的农民工平均年龄远远低于城镇本地人口，呈现出年轻化态势，意味着这一群体正是推动经济建设的主力军。这就要求我们从各个方面改善外出农民工的生活和就业条件，提高公共服务可及性，缩小他们与城镇人口的差异，提升社会地位，为农民工的劳动做出全面保障，免除其后顾之忧。

第五，健康水平对农民工返乡回流决策的影响方面。通过分析健康对农村外出劳动力回流行为决策的影响机制，验证了农村劳动力迁移过程中“三文鱼偏误效应”的存在：健康水平越低，外出劳动力的回流倾向越高。这表明健康水平会制约劳动力的迁移输出，长期来看不利于城镇化的全面推进。分性别来看，健康水平对女性劳动力回流决策的影响显著高于男性。这表明相对于男性而言，女性有着更强的健康脆弱性和敏感性。

第六，劳动力迁移、社会阶层与主观幸福感方面。幸福感通常被认为是可以衡量个体生活状况的客观和主观效用的综合指标，通过迁移特征和户籍属性对样本进行分类，发现未换户迁移者的主观幸福感同时低于已换户迁移者和城镇居民，也比不上农村居民。其中，外地迁移和孤身迁移的个体面临着更高的幸福损失。迁移有助于改善职业阶层认同和流动，却不利于主观阶层感知。此外，已换户迁移者与城镇居民的主观幸福感和社会阶层均表现出较强的趋同性，这表明户籍制度背后隐藏的公共资源可及性差异是造成迁移者幸福弱化的一个重要原因。而且，主观阶层认同和流动在劳动力迁移和幸福感之间存在着显著的中介效应。

二、政策建议

大量农村劳动力的乡城流动是我国经济社会变迁最典型的特征之一，农村大量剩余劳动力的释放以及城镇建设劳动力的缺口，是促使农村劳动力向城镇转移的外在动力。乡城流动的农民工是我国人口红利的重要来源，也是我国工业化、城镇化进程的主要推动者。在外出农民工为我国的经济建设、社会发展做出重要贡献的同时，流动的过程也加剧了他们的健康损耗。因此，为了提升农民工的健康人力资本，补齐全民健康的短板，政府和社会也应当维护他们的合法权益。为此，我们提出以下政策建议。

第一，深化户籍制度改革，促进农业转移人口市民化。城乡二元结构是阻碍我国城乡同步发展的重要制度壁垒，而户籍制度是其中的关键。在我国，公共服务和社会福利（如就业、医疗卫生、教育、社会保障等）的分配往往都是户籍关联型的。城乡分隔的户籍制度使农民工在输入地城市无法均等地享受社会经济的发展成果，构成了农村劳动力融入输入地的制度性障碍。通常认为，外来人口在输入地的社会融合包括三个层面：经济层面、社会层面以及心理层面（王利华，2019）。其中，经济层面的融合是实现社会融合及心理融合的基础，只有满足了一定的经济条件才能在城市有立足之地，才能为融入城市的社会生活打下根基，进而找到心理归属。一方面，外来农民工要在城市打下经济基础必须以就业为前提。然而，城乡分隔的劳动力市场对农民工的限制和排斥，使这一群体往往被排挤到次级就业市场中。他们大多集中在就业状况不稳定的非正式部门，不仅从事繁重的体力劳动，收入水平相对低下，而且缺乏城市管理部门的保护，相应的最低工资制度以及劳动保护、监察等城市的制度化管理体系也未能从根本上对农民工的劳动权益提供切实保障。另一方面，作为外来人口的农民工，他们在输入地城市的生活多受到城市本地人口的排斥和歧视。对于城市本地人口来说，他们可以轻易地享受到与户籍关联的各种公共服务和福利，具有获取社会资源的天然优势和心理上的优越感。外来农民工在资源可及性的劣势以及与城市居民的隔离，降低了他们融入城市生活的积极性。由于户籍分割，农民工在城市的工作和生活中往往无法享受到公平待遇，这进一步加剧了他们的健康损耗。此外，由于农民工市民化过程中面临着诸多制度性障碍，因此，当他们健康受损时更倾向于返回输出地。大规模的农民工回流会将一部分健康风险和疾病负担转移给农村地区，这不仅不利于农村居民生活质量的提高，还会进一步加剧城乡的卫生资源配置不均衡，限制农村社会经济的发展。

进一步深化户籍制度改革，使农民工在输入地城市能够均等地享受到各项公共服务和福利，降低社会融合壁垒，为农民工市民化提供制度支撑。需要注意的是，当前我国的户籍制度改革主要在小城镇展开，小城镇的农民工获取当地户籍并享受到城镇户口关联的社会权益相对较为容易，而对于大城市而言这一改革进程比较缓慢。一方面，大城市的农民工输入数量非常庞大，而城市本身的承载能力有限；另一方面，大城市的户籍往往关联着更多的公共服务和权益，普遍的福利待遇将会给城市造成较大的压力。这是造成大城市户籍制度改革困难重重的主要原因。因此，大城市的户籍制度改革不能一蹴而就，而应该循序渐进，逐步放松进入限制。这样才能最终实现公共服务均等化，促进农民工在输入地的社会融合。

第二，完善城镇劳动力市场法律保护体系，切实保障农民工的各项劳动权益，降低其工作中的健康风险。当前，农民工在城镇的就业性质大致可以分为两类：一类是就职于正式部门，但是并没有签订固定劳动合同的临时工；二是就职于非正式部门。由于户籍的限制，农民工在输入地往往无法融入正式的就业体系，职业不稳定、工作环境差、工伤风险大，在福利待遇、收入水平以及劳动保障等方面均无法与正式员工相比。因职业因素导致的健康损害比较严重，使该群体面临较大的健康风险。当前，正式部门所提供的有限岗位数量远远无法满足数量众多的农民工的需要。相比之下，规模庞大的非正式部门在吸纳劳动力方面蕴藏着更大的潜力。尽管在劳动力权益保护方面还存在诸多短板，但要缓解农民工的就业压力，充分发挥非正式部门的潜力是关键。因此，在为正式部门劳动力提供劳动保障的同时，也应该提升非正式部门劳动力的保障水平。其中最重要的就是要督促农民工在就业时与用人单位签订有效的劳动合同，不仅有利于提升其职业的稳定性，还可以为维护其劳动权益提供法律保障。但是从当前各行业来看，农民工在就业时签订劳动合同的比例并不高。一方面，这与农民工受教育水平较低、法律意识淡薄有关；另一方面，在雇佣关系中用人单位通常占据主导地位，为了脱离劳动合同的规范和约束，节约用工成本，很多用人单位往往拒绝与就业者签订劳动合同。为了保护农民工的合法权益，劳动保障部门需要对用人单位加强监督和约束，提高其自觉性和社会责任感。同时，还需要加强法律知识的宣传，提升农民工的法律意识和维权意识。此外，对于劳动合同的执行力度也要加强监督和管理，以充分发挥其对劳动者权益的保障作用。

第三，深化医疗卫生体制改革，提高医疗保险异地报销适用性。随着农民工在城市的居留时间拉长，工作和生活环境给他们带来的健康损害逐渐显露，对医疗服务的需求也会增加。作为健康风险的防护网，医疗保险能够在很大程度上弱化流动过程对农民工带来的健康损耗。然而，由于我国基本医疗保险制度的户籍关联属性，使当前大多数农民工所参加的非携带式医保在输入地城市的使用范围大大受限，报销结算时也面临诸多障碍，并不能满足其应对健康风险的需求。因此，为了充分发挥基本医疗保险对农民工的健康防护作用，需要进一步加强深化我国的医疗卫生体制改革。首先，取消“新农合”或城乡居民基本医疗保险在异地的结算限制。外出农民工多为跨区域流动，其基本医疗保险的参保地与输入地通常不一致。尽管目前跨地区的医保结算平台已经建立，然而，多数地区仍存在结算系统差错频繁、报销手续烦琐以及可选的定点就诊医疗机构较少等问题，不利于患者对异地医疗资源的使用。因此，若能彻底解决基本医保的异地结算问题，农民工的健康权益不再受到地域限制，也能在一定程度上缓解其健康损耗。其次，建立城乡一体化的基本医疗保险体系。在打破城乡二元结构的背景下，未来的医疗卫生体制改革也应致力于逐步消除基本医疗保险的区域分隔，稳步建立城乡统一的医保体系。这样既可以实现不同的基本医疗保险体系的深度融合，提升保障公平性和管理效率，又可以提高农民工在城镇基本医疗保险中的参保积极性和可及性，有利于促进医疗卫生资源的均等化，降低农民工的异地就医门槛。

第四，加强公共卫生财政资金向农村地区倾斜。由于长期以来的城乡政策差异，我国的公共资源多集中在城镇地区。尽管近年来国家通过实施乡村振兴政策，对农村地区的医疗卫生投入有所提高，但城乡资源分布不均衡问题依然严峻。作为农民工的来源地，农村地区的医疗资源相对匮乏，这并不利于农村劳动力健康水平的维持和提升，也不利于城市建设劳动力的补充。因此，增加对农村地区的医疗卫生资金投入，有利于消除农村劳动力的健康风险，降低他们的疾病负担。一方面有利于农村劳动力的健康人力资本积累，为劳动力要素的自由流动打下基础；另一方面有利于促进农村地区的经济建设和社会发展。

三、不足与展望

虽然，本书从现实状况考察、影响机制梳理和实证估计等三个层面较为系统地探讨了农民工流动与健康之间的双向影响问题，甚至也扩展性地考察了社会阶层、主观幸福感等因素对农村劳动力迁移的影响，取得了相关研究成果。但是，本书也存在一定的研究局限，有待深入进行探讨分析。

例如，在研究时期的选择上。受制于健康数据可得性，本书的最新研究年份为 2017 年，虽然研究阶段已经能够涉及党的十九大时期，但是由于样本量的限制，本书无法十分有效地比较党的十九大前后政策环境和农民工流动趋势变化背景下，健康与农民工流动之间的双向影响差异。当然，随着研究数据可得性的增加，这个问题在未来研究中会有显著的改善，本书将会在这方面深入研究。

又如，在研究框架和理论的设计上。虽然，本书系统地考察了农民工流动前的准备阶段、流动阶段以及返乡回流阶段与健康的内在联系。但是，受制于相关领域理论研究基础薄弱和课题研究目标设计，在农民工流动与健康的双向影响中，尚未进一步全面考察农民工的流动对留守老人、留守儿童的身心健康造成的影响，就农民工流动对留守老人与儿童的健康连带效应还需要进一步研究探讨。此外，随着开放程度的提高，当今中国的海外劳工数量也呈现增长之势，关于劳动力的跨国流动与健康的关系也是值得注意的议题。未来，本书将会在相关领域展开后续的深入分析。

参考文献

[1] Akay A., Bargain O., Zimmermann K. F. Relative Concerns of Rural - to - Urban Migrants in China [J]. Journal of Economic Behavior & Organization, 2012, 81 (2): 421 - 441.

[2] Antecol, H., Kelly B. Unhealthy Assimilation: Why do Immigrants Converge to American Health Status Levels [J]. Demography, 2006, 43 (2): 337 - 360.

[3] Bagne D. J. Principles of Demography [M]. New York: Johnson Wiley and Sons, 1969.

[4] Bartram D. Happiness and "Economic Migration": A Comparision of Eastern European Migrants and Stayers [J]. Migration Studies, 2013, 1 (2): 156 - 175.

[5] Bartolini S., Sarracino F. The Dark Side of Chinese Growth: Declining Social Capital and Well - being in Times of Economicboom [J]. World Development, 2015, 74: 333 - 351.

[6] Bhattacharya J., Goldman D., Sood N. The Link between Public and Private Insurance and HIV - related Mortality [J]. Journal of health economics, 2003, 22 (6): 1105 - 1122.

[7] Blair A. H., Schneeberg A. Changes in the "Healthy Migrant Effect" in Canada: Are Recent Immigrants Healthier than They were a Deceda ago [J]. Journal of Immigrant and Minority Health, 2013 (1): 18 - 26.

[8] Blanchflower D. G., Oswald A. J. Well - being over Time in Britain and the USA [J]. Warwick Economics Research Paper, 2004, 88 (7 - 8): 1359 - 1386.

[9] Booth A. Urban Crowding and Its Consequences [M]. New York: Praeger, 1976.

[10] Borjas G. J., Bratsberg B. Who leaves? The Outmigration of the Foreigh – born [J]. The Review of Economics and Statistics, 1996, 78 (1): 165 – 176.

[11] Breen R., Karison K. B., Holm A. Interpreting and Understanding Logits, Probits, and Other NonLinear Probability Models [J]. Annual Review of Sociology, 2018, 44 (1): 1 – 16.

[12] Buter M., Warfa N., Khatib Y., Bhui K. Migration and Common Mental Disorder: An Improvement in Mental Health Overtime [J]. International Review of Pshchiatry, 2015, 27 (1): 51 – 63.

[13] Chen W. W., Zhang Z. W. Comparative Analysis on Communicable Diseases'Characteristics between Local and Floating Population in Dong – guan City, 2000 – 2005 [J]. Chinese Journal of Disease Control & Prevention, 2007, 11 (6): 634 – 635.

[14] Caldwell J. C. African Rural – urban Migration: The Movement to Ghana'sTowns [M]. New York: Columbia University Press, 1969.

[15] Cantwell H., Devery R., Stanton C., Lawless F. The Effect of a Conjugated Linoleic Acid on Superoxide Dismutase, Catalase and Glutathione Peroxidase in Oxidatively – challenged Liver Cells [J]. Biochemical Society Transactions, 1998 (1): S62.

[16] Caplan S. Latinos, Acculturation, and Acculturative Stress: a Dimensional Concept Analysis [J]. Policy, Politics, & Nursing Practice, 2007 (8): 93 – 106.

[17] Carballo M., Divino J. J., Zeric D. Migration and Health in the European Union [J]. Tropical Medicine & International Health, 1998 (3): 936 – 944.

[18] Chen J. Internal Migration and Health: Re – examining the Healthy Migrant Phenomenon in China [J]. Social Science Medcine, 2011 (8): 1294 – 1301.

[19] Cheng Z. M., King S. P., Smith R., Wang H. N. Housing Property

Rights and Subjective Well - being in Urban China [J]. European Journal of Political Economy, 2016, 45 (12): 160 - 174.

[20] Chiswick B. R., Lee Y. L., Miller P. W. Immigrant Selection System and Immigrant Health [J]. Contemporary Economic Policy, 2008 (4): 555 - 578.

[21] Clark S. J., Collinson M. A., Kahn K., Drullinger K., Tollman S. M. Returning Home to Die: Circular Labour Migration and Mortality in South Africa [J]. Scandinavian Journal of Public Health, 2007, 35: 35 - 44.

[22] Clark W., Lisowski W. Decisions to Move and Decisions to Stay: Life Course Events and Mobility Outcomes [J]. Housing Studies, 2017, 32 (5): 1 - 19.

[23] David K., Oguledo V. L., Davis B. A. Gravity Model Analysis of International Migration to North America [J]. Applied Economics, 2000, 32 (13): 1745 - 1755.

[24] Deaton A. The Financial Crisis and the Well - being of Americans [J]. Oxford Economic Papers, 2012, 64 (1): 1 - 26.

[25] Di Tella R., MacCulloch R. Some Uses of Happiness Data in Economics [J]. Journal of Econimic Perspectives, 2006, 20 (1): 25 - 46.

[26] Diener E., Inglehart R. F., Tay L. Theory and Validity of Life Satisfaction Scales [J]. Social Indicators Research, 2013, 112 (3): 497 - 527.

[27] Dietz R., Haurin D. The Social and Private Micro - level Consequences of Homeownership [J]. Journal of Urban Economics, 2003, 54: 401 - 450.

[28] Dogra N., Karim K., Ronzoni P. Migration and Its Effects on Child Mental Health. in: Bhugra D. and Gupta S. (eds.), Migration and Mental Health [M]. NewYork: Cambridge University Press, 2011.

[29] Easterlin R. A., Does Economic Growth Improve the Human Lot? Some empirical evidence. in: David P. A. and Reder M. W. (eds), Nations and Households in Economic Growth: Eaasys in Honor of Moses Abramowitz [M]. Academic Press, 1974.

[30] Easterlin R. A. , Morgan R. , Switek M. , Wang F. China's Life Satisfaction, 1990 - 2010 [J]. Proceedings of the National Academy of Sciences of the United States of America, 2012, 109 (25): 9775 - 9780.

[31] Feletcher J. M. , Sindelar J. L. , Yamaguchi S. Cumulative Effect of Job Characteristics on Health [J]. Health Economics, 2011 (5): 553 - 570.

[32] Feliciano C. Educational Selectivity in US Immigration: How do Immigrants Compare to Those Left Bsehind? [J]. Demography, 2005, 42 (1): 131 - 152.

[33] Findley S. E. The Directionality and Age Selectivity of the Health - migration Relation: Evidence from Sequences of Disability and Mobility in the United States [J]. International Migration Review, 1988, 22 (1): 4 - 29.

[34] Fong V. L. The Other Side of the Healthy Immigrant Paradox: Chinese Sojourners in Ireland and Britain Who Return to China Due to Personal and Familial Health Crises [J]. Cult Med Psychiatry, 2008, 32: 627 - 641.

[35] Frey B. S. , Stutzer A. What can Economists Learn from Happiness Research? [J]. Journal of Economic Literature, 2002, 40 (2): 402 - 435.

[36] Frisbie W. P. , Cho Y. T. , Hummer R. A. Immigration and the Health of Asian and Pacific Islander Adults in the United States [J]. American Journal of Epidemiology, 2001 (4): 372 - 380.

[37] Fu Y. M. , Liao W. C. What Drive the Geographic Concentration of College Graduates in the US? Evidence from Internal Migration [J]. Working Paper, 2012.

[38] Fuller T. D. , Edwards J. N. , Sermsri S. , Vorakitphokatorn S. Housing, Stress, and Physical Well - being: Evidence from Thailand [J]. Social Science & Medicine, 1993, 36 (11): 1417 - 1428.

[39] Gerdtham U. G. , Johannesson M. New Estimates of the Demand for Health: Results Based on a Categorical Health Measure and Swedish Micro Data [J]. Social Science and Medicine, 1999, 149 (10): 11325 - 13321.

[40] Gimeno - Feliu R. , Macipe - Costa L. , Cafiada - Millan M. Differences in the Use of Primary Care Services between Spanish National and Immigrant Pa-

tients [J]. Journal of Immigrant and Minority Health, 2013, 22 (1): 1-7.

[41] Gonzalez - Block M. A., De la Sierra - de la Vega L. A. Hospital Utilization by Mexican Migrants Returning to Mexico Due to Health Needs [J]. BMC Public Health, 2011 (1): 1-8.

[42] Haasen C., Demiralay C., Reimer J. Acculturation and Mental Distress among Russia and Iranian Migrants in Germany [J]. Europe Psychiatry, 2008, 23 (1): 10-13.

[43] Hao P., Tang S. Migration Destinations in the Urban Hierarchy in China: Evidence from Jiangsu [J]. Population, Space and Place, 2018, 24 (2): e2083.

[44] Hariri J. G., Bjørnskov C., Justesen M. K. Economic Shocks and Subjective Well - being: Evidence from a Quasi - experiment [J]. World Bank Economic Review, 2016, 30 (1): 55-77.

[45] Helliwell J. F., Barrington - Leigh C. P. Viewpoing: Measuring and understanding subjective well - being [J]. Canadian Journal of Economics, 2010, 43 (3): 729-753.

[46] Helliwell J. F., Layard R., Sachs J. World Happiness Report 2015 [M]. New York: Sustainable Development Solutions Network, 2018.

[47] Hendriks M., Kai L., Veenhoven R. Why are Locals Happier than Internal Migrants? The Role of Daily Life [J]. Social Indicators Research, 2016, 125 (2): 1-28.

[48] Hener T., Weller A., Shor R. Stages of Acculturation as Reflected by Depression Reduction in Immigrant Nursing Students [J]. Int J Soc Psychiatry, 1997, 43 (4): 247-256.

[49] Herrero J., Fuente A., Gracia E. Covariates of Subjective Well - being among Latin American Immigrants in Spain: the Role of Social Integration in the Community [J]. Journal of Community Psychology, 2011, 39 (7): 761-775.

[50] Hesketh T., Jun Y. X., Lu L., Mei W. H. Health Status and Access to Health Care of Migrant Workers in China [J]. Public Health Reports, 2008

(2): 189 – 197.

[51] Hu Y., Coulter R. Living Space and Psychological Well – being in Urban China: Differentiated Relationships across Socio – economic Gradients [J]. Environment and Planning A, 2017, 49 (4), 911 – 929.

[52] Hovey J. D. Mental Health and Substanceabuse [R]. Migrant Health Issues Monograph Series. National Center for Farmworker Health, Buda, Texas, 2001.

[53] Hovey R. C., Trott J. F., Vonderhaar B. K. Establishing a Framework for the Functional Mammary Gland: from Endocrinology to Morphology [J]. Journal of Mammary Gland Biology and Neoplasia, 2002 (1): 17 – 38.

[54] Hu F., Xu Z., Chen Y. Circular Migration, or Permanent Stay? Evidence from China's Rural – urban Migration [J]. China Economic Review, 2011 (1): 64 – 74.

[55] Huang F. Y. Health Insurance Coverage of the Children of Immigrants in the United States [J]. Matern Child Health, 1997 (2): 69 – 80.

[56] Hummer R. A., Powers D. A., Pullum S. G., Gossman G. L., Frisbie W. P. Paradox Found (again): Infant Mortality among the Mexican – Origin Population in the United States [J]. Demography, 2007 (3): 441 – 457.

[57] Hyman H. H. The Psychology of Status [M]. New York: Columbia University Press, 1942.

[58] Kaivan M. Networks in the Modern Economy: Mexican Migrants in the U. S. Labor Market [J]. Quarterly Journal of Economics, 2003, 118 (2): 549 – 599.

[59] Karison K. B., Holm A., Breen R. Comparing Regression Coefficients Between Models using Logit and Probit: A New Method [J]. Sociological Methodology, 2012, 42 (1): 1 – 45.

[60] Knight J., Gunatilaka R. Great expectations? The Subjective Well – being of Rural – urban Migrants in China [J]. World Development, 2010, 38 (1): 113 – 124.

[61] Kóczán Z. Why are Immigrants Unhappy? [J]. Iza Journal of Migra-

tion, 2016, 5 (1): 1 -25.

[62] Krugman P. Increasing Returns and Economic Geography [J]. Journal of Political Economy, 1991, 99: 483 -499.

[63] Kuo W. Theories of Migration and Mental Health: An Empirical Testing on Chinese - Americans [J]. Social Science and Medicine, 1976, 10 (6): 297 -306.

[64] Li X. M. , Zhang L. Y. , Fang X. Y. , Chen X. G. , Lin D. H. Social Stigma and Mental Health among Rural - to - urban Migrants in China: A Conceptual Framework and Future Research Needs [J]. Word Health Popul, 2006, 8 (3): 14 -31.

[65] Lin N. W. , Ensel M. , Simeone R. S. , Kuo W. Social Support, Stressful Life Events and Illeness: A Model and an Empirical Test [J]. Journal of Health Social Behavior, 1979, 20 (2): 108 -119.

[66] Litzinger R. A. Contesting Citizenship in Urban China: Peasant Migrants, the State, and the Logic of the Market [J]. American Ethnologist, 2001 (5): 247 -248.

[67] Liu Y. , Li Z. , Liu Y. , Chen, H. Growth of Rural Migrant Enclaves in Guangzhou, China: Agency, Everyday Practice and Social Mobility [J]. Urban Studies, 2015, 52 (16): 3086 -3105.

[68] Liu Z. Q. Institution and Inequality: the Hukou System in China [J]. Journal of Comparative Economics, 2005 (1): 133 -157.

[69] Lang G. , Smart J. Migration and the "Second Wife" in South China: Toward Cross - Border Polygyny [J]. International Migration Review, 2002, 36 (2): 546 -569.

[70] Lee E. S. , Everett S. A theory of Migration [J]. Demography, 1966, 54: 47 -57.

[71] Lu Y. Rural - Urban Migration and Health: Evidence from Longitudinal Data in Indonesia [J]. Social Science & Medicine, 2010 (3): 412 -419.

[72] Ma Z. Social - capital Mobilization and Income Returns to Entrepreneurship: The Case of Return Migration in Rural China [J]. Environment and Plan-

ning A, 2002, 34 (10): 1763 - 1784.

[73] McKelvery R. S., Webb J. A. Premigratory Expectations and Postmigratory Mental Health Symptoms in Vietnamese Americans [J]. American Academy of Child and Adolescent Psychiatry, 1996, 35 (2): 240 - 245.

[74] Merton R. Social Theory and Social Structure [M]. Glencoe: Free Press, 1957.

[75] Mizobuchi H. Measuring Socio - economic Factors and Sensitivity of Happiness [J]. Journal of Happiness Studies, 2017, 18 (2): 463 - 504.

[76] Moretti E. HumanCapital Externalities in Cities, in: Henderson J. V. and Thisse J. F., (Eds.), Handbook of Regional and Urban Economics. Vol. IV. North Holland, Amsterdam, 2004, 2243 - 2291.

[77] Newbold B. Counting Migrants and Migrations: Comparing Life - time and Fixed Interval Return and Onward Migration [J]. Economic Geography, 2001, 77 (1): 23 - 40.

[78] Newbold B. Health Status and Health care of Immigrants in Canada: a Longitudinal Analysis [J]. Journal of Health Services Research & Policy, 2005, 10 (2): 77 - 83.

[79] Nielsen I., Smyth R., Zhai Q. Subjective Well - being of China's off - farm Migrants [J]. Journal of Happiness Studies, 2010, 11 (3): 315 - 333.

[80] Nikolova M., Graham C. In Transit: The Well - being of Migrants from Transition and Post - transition Countries [J]. Journal of Economic Behavior & Organization, 2015, 112 (2): 164 - 186.

[81] Noh J. D. Exact Scaling Properties of a Hierarchical Network Model [J]. Physical Review Statistical Nonlinear & Soft Matter Physics, 2003 (4): 1 - 4.

[82] Noymer A., Lee R. Immigrant Health around the World: Evidence from the World Values Survey [J]. Journal of Immigrant and Minority Health, 2013 (1): 1 - 10.

[83] Olesen H. Migration, Return, and Development: An Institutional Perspective [J]. International Migration, 2002 (5): 125 - 150.

[84] Oswald A. J. , Wu S. Objective Confirmation of Subjective Measures of Human Well - being: Evidence from the USA [J]. Science, 2010, 327 (5965): 576 - 579.

[85] Pablos - Mendez A. Mortality among Hispanics [J]. JAMA: the Journal of the American Medical Association, 1994, 271: 1237 - 1238.

[86] Palloni A. , Arias E. The Hispanic Paradox of Adult Mortality [M]. University of Wisconsin Press, 2003.

[87] Palloni A. , Arias E. Paradox Lost: Explaining the Hispanic Adult Mortality Advantage [J]. Demography, 2004, 41 (3): 385 - 415.

[88] Pan J. , Qin X. , Liu G. G. The Impact of Body Size on Urban Employment: Evidence from China [J]. China Economic Review, 2013, 27 (4): 249 - 263.

[89] Park S. , Kleiner R. J. , Needelman B. Migration and Mental Illness: Some Reconsiderations and Suggestions for Furture Analysis [J]. Social Science & Medicine, 1969 (3): 1.

[90] Pelkowski J. M. , Berger M. C. The Impact of Health on Employment, Wages, and Hours Worked over the Life Cycle [J]. The Quarterly Review of Economics and Finance, 2004, 44 (1): 102 - 121.

[91] Peng W. , Lee M. , Heeter C. The Effects of a Serious Game on Role - Taking and Willingness to Help [J]. Journal of Communication, 2010, 60 (4): 723 - 742.

[92] Pylypchuk Y. , Hudson J. Immigrants and Use of Preventive Care in the United States: Health Economics [J]. 2009 (7): 783 - 806.

[93] Ravenstein E. G. The laws if migration [J]. Journal of the Royal Statistical of Society, 1885, 48 (2): 167 - 235.

[94] Riosmena F. , Dennis J. Aging, Health and Longevity in the Mexican - origin Population [M]. New York: Springer Press, 2012.

[95] Rubalcava L. N. , Teruel G. M. , Thomas D. , Goldman N. The Healthy Migrant Effect: New Findings from the Mexican Family Life Survey [J]. Am J Public Health, 2008, 98 (1): 78 - 84.

[96] Sellers S. , Neighbors H. Effects of Goal – striving Stress on the Mental Health of Black Americans [J]. Journal of Health and Social Behavior, 49: 92 – 103.

[97] Solinger D. J. Citizenship Issues in China's Internal Migration: Comparisons with Germany and Japan [J]. Political Science Quarterly, 1999, 114 (3): 455 – 478.

[98] Song Y. From Newcomers to Middle Class: The Social and Spatial Mobility of New Urban Migrants [J]. The China Review, 2016, 16 (3): 121 – 147.

[99] Sajaia Z. Maximum Likelihood Estimation of a Bivariate Ordered Probit Model: Implementation and Monte Carlo Simulations [J]. The Stata Journal, 2008, 4 (2): 1 – 18.

[100] Salant T. , Lauderdale D. S. Measuring Culture: A Critical Review of Acculturation and Health in Asian Immigrant Populations [J]. Social Science and Medicine, 2003, 57 (1): 71 – 90.

[101] Singh G. K. , Siahpush M. All – cause and Cause – specific Mortality of Immigrants and Native Born in the United States [J]. American Journal Public Health, 2001 (3): 392 – 399.

[102] Stiglitz J. , Sen A. , Fitoussi, J. P. The measurement of economic performance and social progress revisited: Reflections and overview [R]. Paris: Commission on the Measurement of Economic Performance and Social Progress, 2009.

[103] Stillman S. , Gibson J. , McKenzie D. , Rohorua H. Miserable Migrants? Natural experiment Evidence on International Migration and Objective and Subjective Well – being [J]. World Development, 2015, 65 (2): 79 – 93.

[104] Teng X. M. Prevalence and countermeasures ofInfectious Diseases among China's Floating Population [J]. Occupation and Health, 2010, 26 (6): 687 – 689.

[105] Todaro M. P. A Model of Labor Migration and Urban Unemployment in Less Developed Countries [J]. The American Economic Review, 1969, 59: 138 – 148.

[106] Tong Y. Y., Piotrowski M. Migration and Health Selectivity in the Context of Internal Migration in China [J]. Population Research Policy Review, 2012, 31 (4): 97 -543.

[107] Turra C. M., Elo I. T. The Impact of Salmon Bias on the Hispanic Mortality Advantage: New Evidence from Social Security Data [J]. Population Research and Policy Review, 2008, 27: 515 -530.

[108] Ullmann S. H., Goldman N., Massey D. S. Healthier before They Migrate, Less Healthy When They Return? The Health of Returned Migrants in Mexico [J]. Social Science & Medicine, 2011, 73: 421 -428.

[109] Van H. J., Zhang W. W. Who Stays? Who Goes? Selective Emigration among the Foreign - born [J]. Population research and policy review, 2011, 30: 1 -24.

[110] Wang B., Li X. M., Stanton B., Fang X. Y. The Influence of Social Stigma and Discriminatory Experience on Psychological Distress and Quality of Life among Rural - to - Urban Migrants in China [J]. Social Science and Medicine, 2010, 71 (1): 84 -92.

[111] Wang W., Fan C. Success or Failure: Selectivity and Reasons of Return Migration in Sichuan and Anhui, China [J]. Environment & Planning A, 2006, 38: 939 -958.

[112] Wei X. L., Peason S., Zhang Z. X., Qin J. M., Gerein N., Walley J. Comparing Knowledge and Use of Health Services of Migrants from Rural and Urban Areas in Kunming City, China [J]. Journal of Biosocial Science, 2018, 42: 743 -756.

[113] Williams C. L., Berry J. W. Primary Prevention of Acculturative Stress among Refugees: Application of Psychological Theory andPractice [J]. American Psychologist, 1991, 46 (6): 632 -641.

[114] World Health Organisation Staff, Programme GT. Groups at Risk: Who Report on the Tuberculosis Epidemic, 1996 [R]. Global Tuberculosis Programme, World Health Organization, 1996.

[115] Xing M. L., Zhou X. D. Economic Analysis of the Plight of Migrant

Workers' Occupational Health: External Cost, Information Asymmetry and Supply - demand Relationship [J]. Chinese Health Economics, 2011, 30 (2): 9 - 10.

[116] Yuan H., Golpelwar M. Testing Subjective Well - being from the Perspective of Social Quality: Quantile Regression Evidence from Shanghai, China [J]. Social Indicators Research, 2013, 113 (1): 257 - 276.

[117] Zhang X., Zhang X., Chen X. Happiness in the Air: How does a Dirty Sky Affect Mental Health and Subjective Well - being? [J]. Journal of Environmental Economics and Management, 2017, 85 (1): 81 - 94.

[118] Zhang Z., Zhou Y., Lu S., Chen Y. Return Migration of Rural Laborer from Western China: Causes and Strategies [J]. Statistical Research, 2007, 24 (7): 9 - 15.

[119] Zhao D., Rao K., Zhang Z. Coverage and Utilization of the Health Insurance among Migrant Workers in Shanghai, China [J]. Chinese Medical Journal - Beijing, 2011 (15): 2328 - 2334.

[120] Zhao Y. Causes and Consequences of Return Migration: Recent Evidence from China [J]. Journal of Comparative Economics, 2002 (2): 376 - 394.

[121] 蔡禾，王进．“农民工”永久迁移意愿研究 [J]. 社会学研究，2007 (6): 86 - 113.

[122] 陈飞，苏章杰．城镇移民的幸福损失——基于期望水平理论的新解释 [J]. 经济学动态，2020 (9): 75 - 95.

[123] 陈宏胜，刘振东，李志刚．中国大城市新移民社会融合研究——基于六市抽样数据 [J]. 现代城市研究，2015, 30 (6): 112 - 119.

[124] 程晗蓓，刘于琪，田明，李志刚．“居住不稳定性”对中国大城市流动人口健康的影响研究 [J]. 地理研究，2021 (1): 185 - 198.

[125] “当代中国社会阶层结构”课题组．当代社会流动 [M]. 北京：社会科学文献出版社，2004.

[126] 杜瑾．城市适应视域下流动人口犯罪预防研究 [J]. 河南财经政法大学学报，2014 (5): 154 - 161.

[127] 段成荣．省际人口迁移迁入地选择的影响因素分析 [J]. 人口研

究，2001（1）：56-61.

[128] 樊敏杰．流动会影响农民工的健康人力资本吗——基于心理健康视角［J］．云南财经大学学报，2019（6）：72-83.

[129] 范晓光，陈云松．中国城乡居民的阶层地位认同偏差［J］．社会学研究，2015（4）：143-168.

[130] 封进，张涛．农村转移劳动力的供给弹性——基于微观数据的估计［J］．数量经济技术经济研究，2012（6）：69-82.

[131] 国家人口计生委流动人口服务管理司．中国流动人口生存发展状况报告——基于重点地区流动人口监测试点调查［J］．人口研究，2010（1）：6-18.

[132] 郭永松，郭常平，茅晓延．论我国卫生资源短缺的现状与对策［J］．中国卫生事业管理，2003（10）：612-615.

[133] 贺凤英，俞峰，王定祥．杭州三个社区居民健康状况分析与对策［J］．中华预防医学杂志，2007（1）：32.

[134] 胡建国，李伟，蒋丽平．中国社会阶层结构变化及趋势研究——基于中国社会流动变化的考察［J］．行政管理改革，2019（8）：58-66.

[135] 华颖．健康中国建设：战略意义、当前形势与推进关键［J］．国家行政学院学报，2017（6）：105-111.

[136] 黄顺江．改革开放以来我国农民工政策的演变过程［R］．中国城市发展报告 No. 6，2013.

[137] 黄少安，孙涛．中国的“逆城市化”现象：非转农——基于城乡户籍相对价值变化和推拉理论的分析［J］．江海学刊，2012（3）：90-96.

[138] 贾男，马俊龙．非携带式医保对农村劳动力流动的锁定效应研究［J］．管理世界，2015（9）：82-91.

[139] 江波．推动农民工随迁子女的城市文化融入［N］．中国社会科学报，2015-10-22.

[140] 冷晨昕，祝仲坤．中国流动人口基本公共卫生服务：现状及因素分析［J］．经济体制改革，2020（6）：36-42.

[141] 李楠．农村外出劳动力留城与返乡意愿影响因素分析［J］．中国

人口科学，2010（6）：102－108.

［142］李强．影响中国城乡流动人口的推力与拉力因素分析［J］．中国社会科学，2003（1）：125－136，207.

［143］李强，龙文进．农民工留城与返乡意愿的影响因素分析［J］．中国农村经济，2009（2）：46－54.

［144］李培林．流动民工的社会网络和社会地位［J］．社会学研究，1996（4）：42－52.

［145］李振刚．社会融合视角下的新生代农民工居留意愿研究［J］．社会发展研究，2014（3）：100－117.

［146］李志刚，刘达，林赛南．中国城乡流动人口“回流”研究进展与述评［J］．人文地理，2020（1）：1－10.

［147］李中建．我国农民工政策变迁：脉络、挑战与展望［J］．经济学家，2011（12）：70－76.

［148］连玉君，廖俊平．如何检验分组回归后的组间系数差异？［J］．郑州航空工业管理学院学报，2017（6）：97－109.

［149］凌莉．中国人口流动与健康［M］．北京：中国社会科学出版社，2015.

［150］林李月，朱宇．流动人口城市间流动的时空结构特征及其性别差异：基于福建省的实证研究［J］．地理科学，2015，35（6）：725－732.

［151］刘欣．相对剥夺地位与阶层认知［J］．社会学研究，2002（1）：89－93.

［152］刘国恩，William H. Dow，傅正泓，Akin J. 中国的健康人力资本与收入增长［J］．经济学（季刊），2004（1）：101－118.

［153］刘宏宇，刘大江，毛鑫．川粤农民工调查：记录几十年间中国农民工群体时代变迁［N］．四川日报，2019－02－11.

［154］刘维科．推拉理论建模及预测——以陕西省为例［J］．西北大学学报（自然科学版），1995，25（6）：715－718.

［155］刘晓柳，王俊秀．社会经济地位与主观社会阶层对幸福感的影响［J］．广西师范大学学报（哲学社会科学版），2020（5）：14－27.

［156］刘学军，赵耀辉．劳动力流动对城市劳动力市场的影响［J］．经

济学（季刊），2009，8（2）：693－710.

[157] 刘毓芸，徐现祥，肖泽航．劳动力跨方言流动的倒U型模式［J］．经济研究，2015（10）：134－146.

[158] 陆铭．中国农民工的健康损耗问题［N］．东方早报，2014－09－23.

[159] 陆益龙．乡村振兴要做好农民工工作［N］．中国社会科学报，2019－09－25.

[160] 鲁元平，张克中．社会流动影响居民幸福感吗——来自中国转型期的经验证据［J］．财经科学，2014（3）：96－107.

[161] 马斯洛著，刘烨编译．马斯洛的人本哲学［M］．呼伦贝尔：内蒙古文化出版社，2008.

[162] 牛建林．人口流动对中国城乡居民健康差异的影响［J］．中国社会科学，2013（2）：46－63.

[163] 牛建林．城市“用工荒”背景下流动人口的返乡决策与人力资本的关系研究［J］．人口研究，2015（2）：17－31.

[164] 牛建林，郑真真，张玲华，曾序春．城市外来务工人员的工作和居住环境及其健康效应——以深圳为例［J］．人口研究，2011（3）：64－75.

[165] 彭璐，朱宇，林李月．流动人口在流动过程中的暂时性回流及其影响因素——基于生命历程的视角［J］．南方人口，2017，32（6）：1－13.

[166] 齐亚强，牛建林，威廉·梅森，唐纳德·特雷曼．我国人口流动中的健康选择机制研究［J］．人口研究，2012，36（1）：102－112.

[167] 秦立建，陈波，余康．农村劳动力转移的健康选择机制研究［J］．南方人口，2014，29（2）：62－71.

[168] 秦立建，王震，蒋中一．农民工的迁移与健康——基于迁移地点的Panel证据［J］．世界经济文汇，2014（6）：44－59.

[169] 秦雪征，郑直．新农合对农村劳动力迁移的影响：基于全国性面板数据的分析［J］．中国农村经济，2011（10）：52－63.

[170] 任远．城市流动人口的居留模式和社会融合［M］．上海：三联书店，2012.

[171] 任远，施闻．农村外出劳动力回流迁移的影响因素和回流效应[J]．人口研究，2017（2）：71－83.

[172] 闫丙金．收入、社会阶层认同与主观幸福感[J]．统计研究，2012（10）：64－72.

[173] 邵宜航，张朝阳．关系社会资本与代际职业流动[J]．经济学动态，2016（6）：37－49.

[174] 石智雷，杨云彦．家庭禀赋、家庭决策与农村迁移劳动力回流[J]．社会学研究，2012（3）：157－181.

[175] 孙三百，白金兰．迁移行为、户籍获取与城市移民幸福感流失[J]．经济评论，2014（6）：101－112.

[176] 孙三百，黄薇，洪俊杰．劳动力自由迁移为何如此重要？——基于代际收入流动的视角[J]．经济研究，2012，47（5）：147－159.

[177] 孙文凯，王格非．流动人口社会身份认同、过度劳动与城乡差异[J]．经济学动态，2020（9）：96－110.

[178] 孙文中．殊途同归：两代农民工城市融入的比较——基于生命历程的视角[J]．中国农业大学学报（社会科学版），2015（3）：68－75.

[179] 唐克军．“最后的农民”与政府的乡村策略[J]．探索与争鸣，2004（4）：3－5.

[180] 田丰．逆成长：农民工社会经济地位的十年变化（2006－2015）[J]．社会学研究，2017（3）：121－143.

[181] 佟新华，孙丽环．中国省际劳动力流动的主要影响因素分析[J]．吉林大学社会科学学报，2014（5）：65－72.

[182] 王春光．农村流动人口的“半城市化”问题研究[J]．社会学研究，2006（5）：107－122.

[183] 王桂新，刘建波．长三角与珠三角地区省际人口迁移比较研究[J]．中国人口科学，2007（2）：87－94.

[184] 王君平．别让他们带着伤回故乡[N]．人民日报，2015－11－06（17 版）.

[185] 王利华．乡城流动人口的健康移民与健康损耗效应研究——基于区域差异视角[D]．浙江工商大学，2019.

[186] 王子成，赵忠．农民工迁移模式的动态选择：外出、回流还是再迁移［J］．管理世界，2013（1）：78-88.

[187] 温兴祥，郑凯．户籍身份转换如何影响农村移民的主观福利——基于 CLDS 微观数据的实证研究［J］．财经研究，2019（5）：58-71.

[188] 温忠麟，叶宝娟．中介效应分析：方法和模型发展［J］．心理科学进展，2014（5）：731-745.

[189] 武优勐，毛中根，朱雨可．城市的消费集聚效应影响劳动力流入吗？——基于35个大中城市面板数据的分析［J］．经济与管理研究，2019（1）：75-85.

[190] 伍振军，郑力文，崔传义．中国农村劳动力返乡：基于人力资本回报的理论和实证分析［J］．经济理论与经济管理，2011（11）：100-108.

[191] 夏巍巍，金祥荣．实验经济学视角下的：信仰与行为［J］．南方经济，2017（9）：58-72.

[192] 歆远．农民工健康：需要下力气补短板［N］．第一财经，2016-12-24.

[193] 徐清．工资“拉力”与城市劳动力流入峰值——基于“推拉”理论的中国经济实证［J］．财经科学，2012（10）：37-45.

[194] 晏月平，郑依然．健康中国背景下流动人口健康管理问题及对策研究［J］．东岳论丛，2019（6）：52-65.

[195] 杨云彦，徐映梅，向书坚．就业替代与劳动力流动：一个新的分析框架［J］．经济研究，2003（8）：70-75.

[196] 杨志明．农民工发展的光辉历程和鲜明特色［J］．中国劳动，2018（12）：14-20.

[197] 殷金朋，陈永立，倪志良．公共教育投入、社会阶层与居民幸福感——来自微观混合横截面数据的经验证据［J］．南开经济研究，2019（2）：147-167.

[198] 俞林伟，朱宇．社会融合视角下流动人口的生活满意度及其代际差异——基于2014年流动人口动态监测数据的分析［J］．浙江社会科学，2017（10）：74-84.

[199] 苑会娜．进城农民工的健康与收入——来自北京市农民工调查的

证据 [J]. 管理世界, 2009 (5): 57 - 66.

[200] 翟振武, 段成荣, 毕秋灵. 北京市流动人口的最新状况与分析 [J]. 人口研究, 2007 (2): 30 - 40.

[201] 张海峰, 林细细, 梁若冰, 蓝嘉俊. 城市生态文明建设与新一代劳动力流动——劳动力资源竞争的新视角 [J]. 中国工业经济, 2019 (4): 81 - 97.

[202] 张雨林. 县属镇的“农民工”——吴江县的调查 [J]. 社会学通讯, 1984 (1): 12 - 14.

[203] 张雅欣, 孙大鑫. 人口流动如何影响主观幸福感——基于主观社会地位的中介效应 [J]. 系统管理学报, 2020 (6): 1029 - 1040.

[204] 赵忠. 我国农村人口的健康状况及影响因素 [J]. 管理世界, 2006 (3): 78 - 85.

[205] 周向伟, 张天雪. 感知与突围: 教育场域中农村家庭的阶层代际流动——基于 CGSS 数据的实证分析 [J]. 教育发展研究, 2020 (6): 1 - 8.

[206] 周兴, 张鹏. 代际间的职业流动与收入流动——来自中国城乡家庭的经验研究 [J]. 经济学 (季刊), 2015 (1): 351 - 372.

[207] 朱传耿, 顾朝林, 马荣华, 甄峰, 张伟. 中国流动人口的影响要素与空间分布 [J]. 地理学报, 2001 (6): 548 - 559.

[208] 朱玲. 农村迁移工人的劳动时间和职业健 [J]. 中国社会科学, 2009 (1): 133 - 149.

[209] 朱江丽, 李子联. 户籍改革、人口流动与地区差距——基于异质性人口跨期流动模型的分析 [J]. 经济学 (季刊), 2016, 15 (2): 797 - 816.

[210] 朱竑, 张博, 马凌. 新型城镇化背景下中国流动人口研究: 议题与展望 [J]. 地理科学, 2019 (1): 1 - 11.

[211] 祝仲坤, 陶建平, 冷晨昕. 迁移与幸福 [J]. 南方经济, 2019 (3): 90 - 110.